武汉非物质文化遗产丛书
Wuhan Feiwuzhi Wenhua Yichan Congshu
主编 / 李岩

木兰传说

Mulan Chuanshuo

主编 / 陈元生
执行主编 / 裴高才 黄锂 朱芬

武汉出版社
WUHAN PUBLISHING HOUSE

（鄂）新登字 08 号
图书在版编目(CIP)数据
木兰传说/陈元生主编. —武汉：武汉出版社，2014.1(2014.9 重印)
(武汉非物质文化遗产丛书/李岩主编)
ISBN 978-7-5430-8057-7
Ⅰ.①木…　Ⅱ.①陈…　Ⅲ.①山—介绍—武汉市　Ⅳ.①K928.3
中国版本图书馆 CIP 数据核字(2013)第 307072 号

主　　编：陈元生
执行主编：裴高才　黄　锂　朱　芬
责任编辑：赵　可
装帧设计：刘　勍
出　版：武汉出版社
社　址：武汉市江汉区新华路 490 号　　邮　编：430015
电　话：(027)85606403　85600625
http://www.whcbs.com　　E-mail:zbs@whcbs.com
印　刷：武汉中科兴业印务有限公司　　经　销：新华书店
开　本：710mm×1000mm　1/16
印　张：7.75　　字　数：155 千字　　插　页：5
版　次：2014 年 1 月第 1 版　　2014 年 9 月第 2 次印刷
定　价：24.00 元

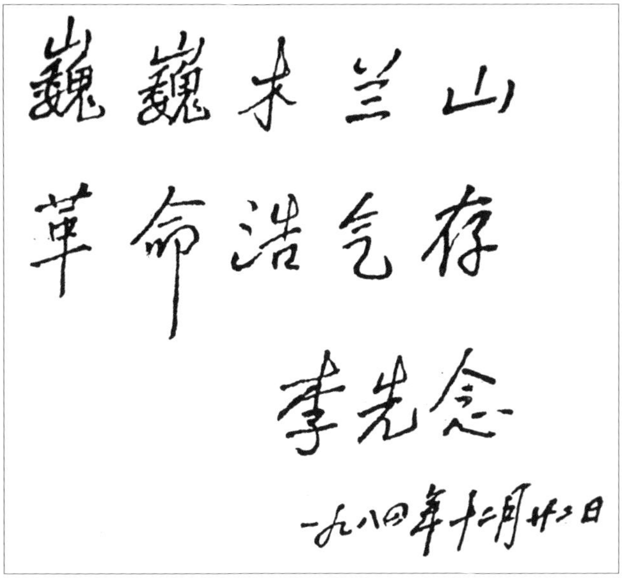

原国家主席李先念为木兰山题词

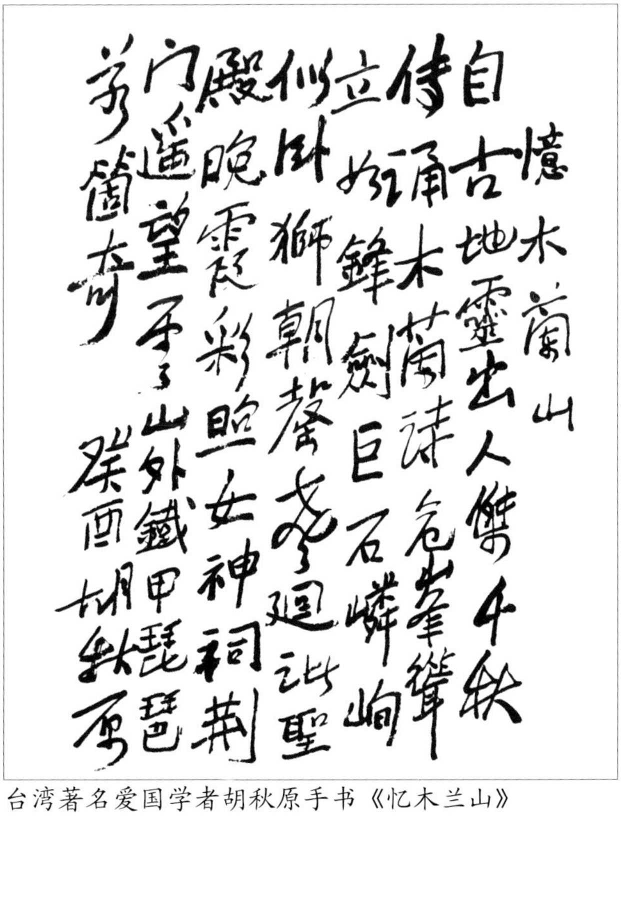
台湾著名爱国学者胡秋原手书《忆木兰山》

木兰晨曦（木兰山风景区提供）

木兰湖鸟瞰

木兰出生地双龙镇之“双龙戏珠”地貌（裴震烁摄）

俯瞰木兰出生地双龙镇（黄陂姚集街道办提供）

木兰山脚下的将军庙（王凤霞摄）

民国时期的木兰雕版画（叶蔚璋收藏）

《木兰传说》编辑指导委员会

目录

序

Huohua Lishi Jiyi
Chuancheng Wenhua Yichan

“活化”历史记忆 传承文化遗产

李岩

武汉是一个具有3500年城市文明史的文化重镇，优秀传统文化遗产十分丰富。近期，武汉炎黄文化研究会和武汉市社会科学界联合会、黄陂区等一道，率先推出了“武汉市非物质文化遗产丛书”首部《木兰传说》，就是为了弘扬产生于斯、名传千古、声噪中外的优秀传统文化。

“木兰传说”是产生于武汉市黄陂区这片文化热土里、以人为本的活态文化遗产。它既是中华民族历史发展的见证，又是中华民族智慧与文明的结晶。2008年6月7日，国务院以国发〔2008〕19号文，批准文化部将“木兰传说”确定为第二批国家级非物质文化遗产名录。

这是一部由作家与学者合著的非物质文化遗产著作。作者按照国家非物质文化遗产的出版规范，通过对历史文献、考古成果与文物实物的三重证据进行综合分析，梳理出“木兰传说”的产生与发展的过程。在上编《历史源流》里，系统地阐发了“木兰传说”所经历的原生期、次生期、定型期、衍进期、弘扬期、流变期等六个历史发展阶段。

非物质文化遗产“木兰传说”，所强调的是以人为核心的技艺、经验、精神。其表现形式，包括口头流传、传统表演艺术、民俗活动和礼仪与节庆、有关自然界和宇宙的民间传统知识和实践、传统手工艺技能等，以及与上述表现形式相关的文化空间。它的最大特点就是不脱离民族特殊的生活生产方式，是民族个性、民族审美习惯的“活”的显现。

“木兰传说”之所以被打造为我国最古老的经典传说，千古传颂，就在于历代在传承的过程中，充分发挥人的主观能动性，不断地补充与创新，形成了蔚为大观的传承方式。概括起来大抵包括史料传承、文学传承、艺术传承、口头传承、会节传承、社会传承、旅游传承与艺人传承等八大典型特征。

作为《木兰传说》的主体内容，作者在下编的《传说故事》中，立足于史料性、民间性与生动性，以历代文史资料、传记小说、诗词名篇与传说故事为依据，运用散文的笔触，通过木兰出生、拜师习武、替父从军、塞外征战、立功凯旋、皇上封赏、辞官回乡、生死恋情、终老故里等章节，系统地解读了木兰将军的传奇身世与行状，可信、可读、可叹。

纵观这部图书，系统地反映了"木兰传说"文化遗产的基本面貌、表现形态、美学或工艺上的主要特点、历史，以及目前颇具代表性的主要传人，同时也简要介绍了当地政府为继承与保护这一文化遗产所做的工作。可以说，是研究非物质文化遗产尤其是"木兰传说"，不可多得的一部好书。

作为炎黄文化研究的民间社团，我们今后将陆续推出中国优秀传统文化的系列丛书。希冀通过此类图书的出版，有助于读者认识与接近这些优秀的民族文化遗产，增强民族文化自豪感。但愿官方、学界和民间能齐心协力，共同推进民族文化遗产的认识、保护与传承，开创中华民族更为灿烂的前景。

法国史学家与文艺理论家丹纳指出，艺术品的产生"需要有一种'精神的'气候"，丹纳所说的精神的气候，即"风俗习惯与时代精神"。"木兰传说"就是在"精神的气候"下形成与传承下来的。

我们深信，在当前时代精神的气候条件下，闻名于世的非物质文化遗产"木兰传说"，必将"蕴藏了也提供着"中华民族"心理共同结构的秘密"，并焕发出绚丽多姿的光彩。

（作者为武汉市第十届人大常委会主任，现任武汉炎黄文化研究会会长）

序二

Kaifa Wenhua Fukuang
Dazao Mulan Pinpai

开发文化富矿
打造木兰品牌

胡洪春

古邑黄陂是一座文化遗产富矿。从长江流域城市文明象征的商代盘龙城，到“木兰传说”的天然故事场木兰山与双龙镇，从缅怀理学的奠基者程颢、程颐的中国名亭双凤亭，到纪念辛亥首义大都督的地标黎黄陂铜像等，蕴含着丰富的文化资源。而今，武汉炎黄文化研究会推出的非物质文化遗产丛书的首部著作《木兰传说》，就是对这座富矿的一次初步发掘。

“木兰传说”是在湖北黄陂这片热土上发生和演绎的一个千年传说、家喻户晓的民间故事。“木兰传说”除具有系列完整、故事内容丰富、版本纷杂、讲述人众多、景址仍存等特征外，还体现了很浓的宗教性。它的传播，在黄陂全部使用本土方言，情节皆以主人公木兰为主角展开，绝大多数以叙事方式讲述故事，也有以诗体语言或说唱形式表述的。所以，“木兰传说”既是中华民族传统忠孝精神的集中体现，又是历史与文学艺术完美结合的不朽佳作，是千百年来打磨出来的一份文化瑰宝，已成为中华儿女崇奉的文化典范。

为推动社会主义文化大发展大繁荣，黄陂区千方百计做好“木兰传说”非物质文化遗产的申报、保护、管理、开发、传承和利用工作，为弘扬中华民族优秀传统文化做出了新的贡献。2007年，“木兰传说”成功入选省级非物质文化遗产名录，2008年6月7日，国务院批准文化部将“木兰传说”确定为国家级非物质文化遗产名录。由此，“木兰传说”和与之相伴生的木兰文化成为黄陂走向全国、走向世界的一道靓丽的人文风景。

从古至今，有关木兰的小说、故事、诗歌、画册、论著、戏剧、电影、电视剧等出版物与音像制品名目繁多，但是却没有一部关于“木兰传说”的非物质文化遗产图书。经过两个年头的工作，由黄陂作家竭力配合武汉市炎黄文化研究会与社科联，编撰了《木兰传说》这部专著，并作为武汉市非物质文化遗产丛书之一率先出版。这必将使“木兰传说”这份历久弥香的优秀非物质文化品牌，泽被后世，流芳百代；使木兰文化的传承和弘扬迈向一个新的历史高度。

“文化是民族的血脉，是人民的精神家园。”“木兰传说”之所以成为中华民族不朽记忆中的经典，就在于它弘扬了木兰将军大忠大孝的国家情怀。中国是一个多民族的国家，历史上当游牧民族侵犯中原时，常常会引起边塞烽火。花木兰这位民间“当户织”的纤纤女子，毅然女扮男装，“万里赴戎机”，从此“替爷征”，鏖战沙场十二载，立下汗马功劳。而功成名就后，却不受高官厚禄，欣然回归桑梓，侍奉双亲。她用自己的青春年华，为华夏儿女谱写了一部大忠大孝、大爱大勇、大德大美的教科书。她告诉世人：一个人只要有一颗火热的爱国心，当国家需要的时候，胸中就会激发出强烈的责任感；只要有一颗拳拳的孝义情，就会迸发出最大的勇气和担当。当今，中华儿女正在书写复兴中华的伟大中国梦，只要我们高扬爱国主义的旗帜，就一定能承担起这一崇高而伟大的历史使命。

文化是生产力，也是国家软实力的集中体现。“木兰传说”及其木兰文化已成为推动黄陂发展的重要引擎。近些年来，黄陂以荆楚名岳木兰山为中心，全力构建“木兰人文生态旅游区”，把人文资源与生态资源、红色资源与绿色资源、宗教资源与地质资源组合优化，打造出新的木兰景群，使之闻名遐迩，游人纷至沓来，营造出人文旅游与生态旅游交相辉映、经济效益和文化效益并肩增长的良好态势，为传统文化增添了新的内容，注入了新的活力。

引人深思的是，1988年美国迪士尼公司作为全球最大的动画公司，首次将“花木兰”这位中国传奇的巾帼英雄的故事搬上了动画舞台，在全世界产生了极大的反响，获得了令人咋舌的巨额票房收入。这从一个侧面反映出文化软实力的巨大能量；说明了“木兰传说”有着更为深厚的文化魅力和无尽的挖掘潜力。从而，进一步激发了我们把“木兰传说”这一品牌做大做强的信心。

“木兰传说”是一棵高大不朽的常青树，不仅枝繁叶茂，而且花开硚香。花木兰诞生在黄陂的土地上，她的传奇镌刻在每一个人的心中，让世代沐浴其泽辉，恒久吸纳其精华。

（作者为中共黄陂区委书记）

导语

花木兰是中国古代最著名、影响最为深远的传奇女杰，几乎就是“巾帼英雄”的代名词。相传湖北省武汉市黄陂区是木兰将军的故里。这里自古流传的“木兰传说”及多样文化表现形态，是中华民族优秀的文化遗产，具有极高的人文价值和开发利用价值。

为什么“木兰传说”千百年来一直芬芳地弥漫在中华大地？因为民间传说既是民间故事，又不同于一般的民间故事,它的一个重要特点就是具有可信性。“传说的要点，在于有人相信。”“木兰传说”靠着这种民间土壤生根、发芽、开花、结果，以至长成枝繁叶茂的参天大树，这就是文化的力量。日本著名文化学者柳田国南在《传说论》一书中指出，传说的一端，有时非常接近历史，甚至两者的界限很难区分，而其另一端又与文学相近，有时简直好象融于其中。“传说是架通历史与文学的桥梁。”考察黄陂“木兰传说”也不例外，黄陂北部一直流传的这个美丽动人传说所具有的几个鲜明特征，完全印证了上述结论：1、遗存众多。除故居外，尚有墓冢、庙宇、牌坊等，不仅是传说流传的客观凭借，而且增加了它的可信度；2、历时久远。自发端流传至今，有两千多年历史，已经形成一种独特的文化现象；3、内容丰富。它涉及人物、山川、风俗、宗教、物产等，几乎涵盖了民间传说涉猎的所有领域，表明它有深厚的民间基础；4、形式多样。除口耳相传外，还有小说、戏曲、电影、泥塑、剪纸、音舞诗画等表现方式，展现了人们传承“木兰传说”的主动性与创造性；5、传播广远。“木兰传说”不仅早已名贯华夏，还远播欧美，所及之处，无不共鸣，体现出它不仅有穿越时空的震撼力，同时也有跨文化的感染力。

“木兰传说”从汉代至今的两千多年时间里，历经原生期、次生期、定型期、衍进期、弘扬期、流变期六大发展阶段，流传形式在口耳传承的基础上，又发展出行为传承和信仰传承，不仅沉淀下了丰厚的文化资源，而且还使这种传说凝炼为一种以“家国情怀”为精神内核的文化传统，也就是被中华民族崇奉的文化典范。

上篇：历史源流

一、历代衍变

1.1 原生期

在汉代，“木兰传说”以早期民间口头语言的流传形式为主要特征。

“唧唧复唧唧，木兰当户织。不闻机杼声，惟闻女叹息”[1]——几乎每个中国人都熟知这首流传千古的民歌。然而，家喻户晓不等于不辩自明。关于脍炙人口的民歌《木兰诗》，关于木兰传说，都有着太多的疑窦。该民歌创作于何代？作者是一人还是多人？版本流传情况如何？木兰是否实有其人？是哪个朝代人？故里何处？每一个疑问又勾连到其他的疑问，层层相袭，疑窦丛生。

时空的遥远相隔，文献的短缺纰漏，思维的不可通约，不仅使木兰从军一事无法确证，也使《木兰诗》既近在咫尺，又远在天涯。当然，并非只有望洋兴叹一途，历史总会留下一些蛛丝马迹——存留下来关于木兰的古代文献和遗迹遗存，哪怕是只言片语或野史稗志，甚至是相互抵牾之文，我们也能借此得以钩沉探微、了解过往，重构古昔。

梳理相关史料，可知“木兰传说”故事发端之缘由打上了鲜明的时代烙印，事情本身又颇具传奇色彩和浓厚东方人伦意绪，构成了木兰事迹发生时几个重要特点。中国是个统一的多民族国家。这个统一多民族国家的形成，经过了几千年以汉民族为主体的与周边诸少数民族相互撞击、相互磨合又相互融聚的跌宕曲折过程。史载，在中古时代早期的汉王朝阶段，北方匈奴游牧民族常常像潮水一样涌入内地，同农耕人残酷激烈地争夺生存空间，汉王朝的向心力遭到极大挑战。汉文帝时，曾一度烽火通于京都长安，出现了“帝亲征”和“大括天下民以御”时“殆可空国”的严重局面。

木兰从军的故事就发生在这样的社会时代背景之下。

相传在一次朝廷“大点兵”时，位于今武汉市黄陂区北部滠水岸边双龙镇（今姚集镇大城潭村）的一户人家，“军书十二卷，卷卷有爷名”。军情十万火急，父爷“极痛无一男子可代己者，哀叹良久，竟行”。其待字闺中的长女木兰，因“悯其父老，即洗铅粉，脱梳珥，变戎服，贯甲胄”，毅然踏上女扮男装、“万里赴戎机”的迢迢征程。此乃木兰巾帼英雄本色之发露。她这一石破天惊、震世骇俗的壮举和此后一系列非凡行为，逐渐被人们知晓、认识、传唱甚至被后世高歌颂赞，并提炼概括成中华民族精神领域之典范。木兰虽为“女儿身”，在那大漠绝域、流血川原的边塞，在那“朔气传金柝，寒光照铁衣”的拼杀疆场，她“搴旗斩将，攻城略地，所向就克捷，莫有当其锋者”。但木兰坚持“弗受朝禄，愿归桑梓，侍奉双亲以终”，因之得“孝烈”懿名。后人称其“孝烈”将军。她的可歌可泣行为有如一把高擎的火炬，照耀着我们民族传统里最奥秘、最精实、最夺魂的东西。

关于《木兰诗》产生的年代，历来就有争议。在宋人郭茂倩《乐府诗集　鼓角横吹曲》的最后，附木兰诗两首，注“《古今乐录》曰：木兰，不知名。浙江西道观察使兼御史中丞韦元甫续录入”。《古今乐录》书名见《隋书·经籍志》等正史，因此，一般认为，《古今乐录》十二卷（或十三卷）为南朝陈代沙门智匠所编，关于《木兰诗》的争论也是源于此处。因为上述结论，许多学者就肯定《木兰诗》产生不晚于南朝陈代。但是《木兰诗》确实有诸多产生于唐代的证据，因此又有学者断定是唐朝的作品，两方各执一词。

《乐府诗集》二十五卷所录《木兰诗》两首，一首广为流传，一首却屡遭批评。现代著名文史学家萧涤非先生评价说：“后一首与此（前一首）优劣悬殊，可不置辩。”被认为是“浙江西道观察使兼御史中丞韦元甫续录入”的后一首《木兰诗》，不管是其得于民间还是自己所作，都不能否认它的存在价值和认识价值。

诗云：“木兰抱杼嗟，借问复为谁。欲闻所戚戚，感激强其颜。老父隶兵籍，气力日衰耗。岂足万里行，有子复尚少。胡沙没马足，朔风裂人肤。老父旧羸病，何以强自扶。木兰代父去，秣马备戎行。易却纨绮裳，洗却铅粉妆。驰马赴军幕，慷慨携干将。朝屯雪山下，暮宿青海傍。夜袭燕支虏，更携于阗羌。将军得胜归，士卒还故乡。父母见木兰，喜极成悲伤。木兰能承父母颜，却卸巾鞲理丝簧。昔为烈士雄，今复娇子容。亲戚持酒贺，父母始知生女与男同。门前旧军都，十年共崎岖。本结弟兄交，死战誓不渝。今也见木兰，言声虽是颜貌殊。惊愕不敢前，叹重徒嘻吁。世有臣子心，能如木兰节。忠孝两不渝，千古之名焉可灭！”[2]

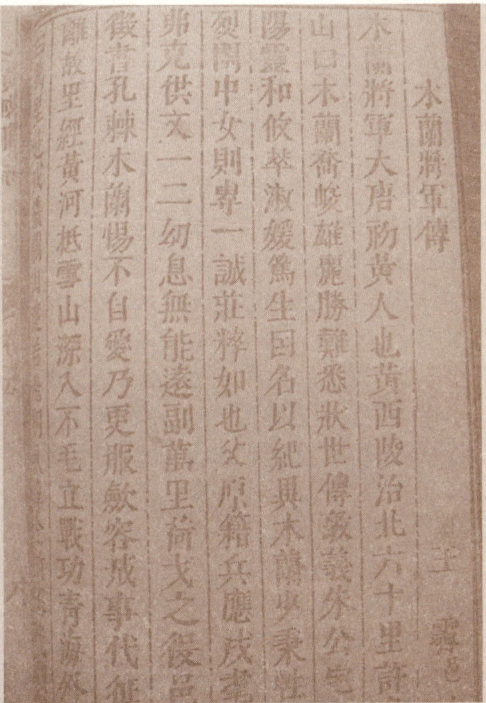
木蘭將軍傳
木蘭將軍大唐矝黄人也黄西陂治北六十里尚
山曰木蘭喬蜿雄麗勝雖悉狀世傳毅義外公
陽靈和攸萃淑媛爲生因名以紀異木蘭毋
烈閨中女則㝉一誠莊粹如也父原籍兵應戍
弗克供文一二幼息無能遠副萬里荷戈之役
徵書孔棘木蘭惕不自愛乃更服斂容戎事代
離故里經黄河抵雪山深入不毛立戰功青海

《木兰传》　王霁，明嘉靖二十年进士

从这个文本中可以看到，该诗基本情节同于众人熟悉的《木兰诗》，但细节已经有了很大的变化，黄河、黑山、燕山等地名，在集市买装备的情景，以及“天

《木兰山组歌》演唱现场一角

子”、“可汗”、“明驼”、“明堂”、“策勋十二转”这些被许多学者作为考证《木兰诗》产生时代的重要线索，被许多地方文化工作者为证明木兰是当地人而视为铁证的只言片语都不存在了。没有人否认《木兰诗》是民歌，却忽视它作为民歌所不同于文人诗歌的重要区别。像《木兰诗》这样的优秀民歌，一般要经历时间、空间两个维度的长期及大范围的传播。由于流传的时代、地域的不同，在辗转传唱中，经过人们的不断补充和润色，必然产生变异，带有时代色彩和地方特色，许多原有细节丢失，许多新的细节增添进来。如河北完县《木兰祠宋代卧碑》碑文与《木兰诗》就有多处不同。《木兰诗》中的“唧唧复唧唧”，《卧碑》为“即是何历历”；《木兰诗》中的“燕山铁骑”，《卧碑》为“燕山胡骑”；《木兰诗》中“赏赐百千镪，可汗问所欲”和“明驼”二字，《卧碑》中均没有。所以融进了后代的语言，也是可以理解的。将一个艺术成就高的文本作为考证的唯一定本，本身就是不科学的做法。综合各方面的看法，《木兰诗》是经过唐代文人修饰的，从民间得来的南北朝时期民歌的说法似乎比较合理。

关于木兰从军故事发生的时代，也历来就有汉代说、南北朝说、隋代说、唐代说诸种。既然《木兰诗》最早见于南朝陈代，晋宋之际的何承天也曾提到木兰，推断木兰生活的时代不可能晚于南北朝。因此，后两种说法明显不经稽考。在前两种说法中，又以汉代说较为可信。史载木兰曾一度戍边燕山。据河北《完县志》引《燕山丛录》云：“完县东门外有木兰庙，榜曰：‘孝烈将军。’又曰：‘汉文帝时，匈奴寇北边，发内郡戍之。木兰代父为戍卒，以功为小校……'。”另见当地史志收录一宋代碑文曰：“余传古乐府辞，道木兰事最详，然不识何女子也……。则木兰之茂行，虽历千百祀，如在今日。”宋代，完县人民敬祭木兰就已“历千百祀”，足见木兰事迹流传久远。如具体计算，从宋代上溯一千余年，也已进入汉的纪年。“有趣的是，唐杜牧《题木兰庙》的千古绝唱中，也透露出木兰生存汉代的信息。诗里‘拂云堆’即塞上青冢，‘明妃’乃汉代王昭君。木兰和昭君均系女性，一个从军，一个和戎；一个金戈铁马，一个凤管弦月。处境和动机固然有别，但都是为纾国家之急。”[3]宋人何溪汶亦说：“木兰古词，不知年代，皆附于汉。”

目前能够见到记载木兰事迹最早碑刻，是元代至顺三年的《汉孝烈将军记》。碑文记曰：由于木兰“在军凡十二年，屡立殊勋，论功上首，辞弗受赏，愿归乡里，奉事父母。文帝嘉焉,特从其志。汉世尝作《木兰词》，阐扬于前，唐杜牧之，亦歌其事，发挥于后。千载之上，不能启其端；千载之下，不能方其武，彼三代诸烈不足俦也。”[4]

考察“木兰传说”滥觞期的特点，故事呈现鲜活质感但不甚连贯，线索单纯且语焉简约，表明它是珍藏在历史深处，这就是木兰故事的最初式样和史影。由于木兰后来重融民间，所以她的事迹很长一段时间暗香般地只在民间口头流传。“司马迁作《史记》而泯其实，班孟坚撰《汉书》亦乏其传”[5]，原因大概就在这里。反过来看，也正因如此，木兰事迹和由此蔓延滋生的“木兰传说”才流溢着原野的丽彩，喷吐出峦原的芬芳，具有深植民间土壤的基本特质和强韧蓬勃的生命力。

1.2 次生期

在魏晋南北朝时期，木兰传说以出现完整简练的文字形式为主要特征。

这个阶段可视作“木兰传说”故事加工成熟期。故事在流传中加工成熟，其加工过程，也是木兰精神的垫实与弘扬过程，所以“木兰传说”次生期的实质就是木兰精神的建立。

这时“木兰传说”故事开始具有文字叙述的连贯性，与此相适应，细节描写趋渐灵动。这些充实性的变化，与“木兰传说”次生期的时代背景无不息息相关。到了魏晋南北朝时期，少数民族入主中原，胡汉关系错综复杂。然而，这个政治混乱的悲剧时代，却又是一个“精神上极自由、极解放，最富于智慧，最浓于热情的一个时代。”[6]在文化的多元发展中，人们从不同角度去寻求和确定个体存在的意义及价值。与此同时，佛学的传入，造成中国传统文化与外来文化的激烈碰撞，这种碰撞尤其凝聚于“伦理纲常”的焦点上。佛教主张“无君无父”，而中国传统伦理则视“孝”为关键。《孝经》称：“孝者，德之本也。”由“孝”引申开去，“忠”又为“孝”的放大。《孝经》再言：“以孝事君则忠。”另载，“父子孝子，君之忠臣也。”“求忠臣必于孝子之门”等等。

在这种时代精神的冶铸中，感应着社会生活的鲜野流香，饱含民族传统精髓，表现手法又生动活泼的不朽民歌《木兰诗》，在南北朝阶段由民间口头流传被整理加工成基本定型的文字形式。它用三百多字，以五言为主的杂诗格调，简洁、明快地描写了木兰故事的全过程。全诗着墨最多的是三个场面：织机前的叹息与烦闷；出征前的准备与路途上的思亲；归来时的热闹与恢复女儿身的欢乐。写作技巧纯熟，语言丰富多彩且运用别致，场景描写具象传神，整体风格清新流畅，使之成为当时民歌中当之无愧的精品和“祖国诗史上罕有的杰作”，也使“木兰传说”有了一个标准的母本。

诗云：“唧唧复唧唧，木兰当户织。不闻机杼声，惟闻女叹息。问女何所思，问女何所忆。女亦无所思，女亦无所忆。昨夜见军帖，可汗大点兵。军书十二卷，卷卷有爷名。阿爷无大儿，木兰无长兄。愿为市鞍马，从此替爷征。东市买骏马，西市买鞍鞯，南市买辔头，北市买长鞭。旦辞爷娘去，暮宿黄河边。不闻爷娘唤女声，但闻黄河流水鸣溅溅。旦辞黄河去，暮至黑山头。不闻爷娘唤女声，但闻燕山胡骑鸣啾啾。万里赴戎机，关山度若飞。朔气传金柝，寒光照铁衣。将军百战死，壮士十年归。归来见天子，天子坐明堂。策勋十二转，赏赐百千强。可汗问所欲，木兰不用尚书郎，愿驰千里足，送儿还故乡。爷娘闻女来，出郭相扶将；阿姊闻妹来，当户理红

陈列于木兰文化城的木兰骑马塑像

妆；小弟闻姊来，磨刀霍霍向猪羊。开我东阁门，坐我西阁床。脱我战时袍，著我旧时裳。当窗理云鬓，对镜帖花黄。出门看火伴，火伴皆惊忙：同行十二年，不知木兰是女郎。雄兔脚扑朔，雌兔眼迷离；双兔傍地走，安能辨我是雄雌？”[7]该民歌通篇洋溢着充满天理人性的“家国情怀”，给木兰形象涂上了最基本的中国传统文化原色调，使其有根有水，四季常青。

《木兰诗》从肇端到定型经历了一个漫长的传唱过程。类似牛郎织女的传说，它并非某个文人一蹴而就的独立创作，而是屡经历代众口相传、群智加工的产物。《木兰诗》文本成型的答案应该就在诗中。《乐府诗集》承《古今乐录》收录的《梁鼓角横吹曲》中有《折杨柳枝歌》：“门前一株枣，岁岁不知老。阿婆不嫁女，那得孙儿抱。敕敕何力力，女子临窗织。不闻机杼声，只闻女叹息。问女何所思，问女何所忆。阿婆许嫁女，今年无消息。”这是一首北朝情歌，其歌辞与《木兰诗》开首语有相似性。北宋《文苑英华》收录的《木兰诗》中，“唧唧何力力”还保留了原诗的用字。从民歌创作流传的特点来看，两者应属同时同地。因此，推断《木兰诗》形成于南北朝时期是有道理的。

如按意义单元划分，《木兰诗》共有七个小节。

第一节从“唧唧复唧唧”到“女亦无所忆”，以虫声起兴，引出主角，排除《折杨柳枝歌》个人婚育的私虑，为下一节的过渡做好铺垫。闺阁之叹而不思婚嫁，很容易引发听众的好奇心。首句“唧唧复唧唧”用语绝佳，促织声、机杼声、叹息声一语三关。

第二节从“昨夜见军帖”到“北市买长鞭”，语意急转，由闺阁而沙场，由征兵之急切而应征之勇决，木兰巾帼形象初现端倪。“东市买骏马”四句排比渲染军情，一气呵成，征战气氛陡升。

第三节从“旦辞爷娘去”到“关山度若飞”，一泻千里，以一种明快而克制的笔调描述木兰赴边的昼夜兼程，沙场的逼近和思乡的惆怅兼而有之，同时充满了对战争尽快结束的渴望。

第四节从“朔气传金柝”到“壮士十年归”，寥寥四句把长年累月的艰辛残酷一笔带过，收束简劲。

第五节从“归来见天子”到“送儿还故乡”，以天子赏赐之丰和木兰还乡之切相对，得胜而归的荣耀给人印象至深，鼓舞非常，为下一节盛大的叙事作好铺陈。

第六节从“爷娘闻女来”到“不知木兰是女郎”，意境转阔，家乡父老的翘首相望、一洗征战的烦恼艰苦、错愕惊忙的旧日战友层层相继，极言战争结束重返家园的欢愉之情。

第七节从“雄兔脚扑朔”到“安能辨我是雄雌”，以譬喻完结全篇，阐明诗旨，上承真相大白之后伙伴惊忙之情，下启战士冲锋上阵自当勇猛拼杀之意。尾句事实上隐含着这样一个反问：巾帼尚能若此，须眉岂应让之？

从思想角度来说，木兰能尽忠，对抓壮丁没有丝毫怨言，能够为天子英勇作战；

唐木兰将军牌坊

能尽孝，为常人所不能，代父从军，有缇萦之风；还能鼓舞士气，打仗仿佛一件光荣而自豪的差事。

从艺术的角度来看，《木兰诗》塑造的木兰这一形象，叙事简洁，过渡自然，残酷的事实被完美的修饰一新，同时恰如其分地照顾到其现实功用。

《木兰诗》反映了一个朦胧的世界。这个世界没有庸俗，只有传奇，没有残酷，只有美好，既和现实相关联，又和现实相脱节，让人相信某种理想事物的存在。人类既生活在真实的现实中，人类社会也离不开虚构，尤其是价值观的虚设。从这个意义上讲，《木兰诗》又反映了一个真切的世界。

如前所述，这时“木兰传说”传承中有一个重要现象，就是打上了创作者所处时代的烙印。如《木兰诗》中“可汗”是汉以后北方少数民族对君主的称呼；“东市买骏马，西市买鞍鞯，南市买辔头，北市买长鞭”的内容，则反映的是从南北朝时代中后期开始直至后来隋唐时代曾一度流行的府兵制。由于木兰系往来者，所以再度被提起时，便有若干考索的成分夹杂其间。如东吴姚奎在《木兰歌》引文中说：“孝女木兰，父名应汉文帝时，单于侵境，大括民兵，女父与焉。父叹曰：‘恨不生儿’。乃自从戎。孝女感奋，即于闺中洗铅华，脱簪珥，变戎衣，跨鞍执锐，代父行役，一往十有二稔……”[8]成于南朝陈代，收录起汉讫陈的《古今乐录》则曰：“木兰，不知名。”

特别值得一提的是，由于木兰故事和《木兰诗》的广泛流行与影响，“木兰传说”和其包含的社会思想内容已经引起最高统治者的重视。《南齐书·州郡志》载，南齐朝廷曾在当时的司州安蛮左郡设木兰县。据考证，设县区域恰今武汉市黄陂区北部以木兰山为中心的地区及相邻的红安县西南和大悟县南部边缘（皆为古黄州的地域），县治锁定在今黄陂区姚集镇大城潭村[9]。这里相传是巾帼英雄木兰的故里。南齐朝廷此举的目的，盖因木兰动人事迹的累世褒誉，且已演化成一种民族精神的寄植体，可为之所用，故以其名设县追念褒扬之，以激赏来者，表明制度型文化已开始介入。一般认为，《木兰诗》是南北朝时北魏民歌。北魏和南齐两个割据的政权同时弘扬木兰这同一个英雄人物，恰好从一个侧面说明木兰不应是这一时代人，而应是生存在两个割据政权之前的人。这就充分印证了木兰生存时代汉代说、南北朝说、隋代说、唐代说四说中，汉代说是最可信的。

1.3 定型期

在隋唐时代，木兰传说以木兰形象思想内涵的全面阐释和表现形式多样化为主要特征。

《木兰诗》在这一时期最终定型。该民歌中“策勋十二转”就是唐代记功升赏的制度，表明文化叠加现象一直在持续不断地进行，这也是它生命力旺盛的重要体现。“木兰传说”中的核心情节：女扮男装代父从军及从军的主要原因、征战十二年、立功凯旋、皇帝封赏和辞官回乡等元素，在这一时期都已齐备，成为木兰故事的基本构架和母题，后来关于木兰的戏曲、小说等演绎形式，都没有原则性的变更。木兰故事开始由纯民间传说，演变为由社会正式提倡的教化性教材，木兰其人也由一个历史传奇人物升格为带有浓厚忠孝伦理意识的社会偶像，昭示出“木兰传说”由自由松散的民间状态走向社会全面整合的必由路径。

魏晋南北朝的多元文化激荡，终至推出史诗般壮丽的盛隆隋唐文化。但是，隋唐王朝周边地带并不安宁，朝廷曾多次举兵征东征西，披露有时事态还非可小视。以这种内盛外忧为时代土壤和现实需求，“木兰传说”得以在内容上进一步充实，它反映了社会道德建设的需要和民族斗争的契机，始终是木兰精神隆誉的客观重要条件。

纵观历史，由魏晋至隋唐这一时期，思想意识和社会风尚呈现纷繁多姿的情态，而以伦理道德规范为核心的儒学，此时正处于第一次衰微期。唐朝初期和中期处于帝国极盛，建立了多民族融合的统一王朝。帝王出于对中原文化的自信，对少数民族文化采取宽容政策，拿来为我所用，不露痕迹地将其融合进汉族文化之中，其文化是丰富多彩、开放包容的。而经南北朝的战乱，北方游牧民族与中原汉族的文化也得到广泛而深刻的融合。像木兰这类超越了汉文化观念对女性所要求的庄重娴静规范的健朗女子形象，逐渐得到世人的认可和欣赏，甚至有很多女子纷纷效仿这种形象，其中最为突出的就是对女扮男装的效仿。

从考古发现来看，从唐朝初年，至少从唐太宗统治初期起，上至宫中下至民间，女性的装扮上出现一股女扮男装的潮流。据考证，从墓葬的壁画和陶俑等形象来看，从唐太宗贞观十七年（643年）开始，就有女扮男装的骑马女俑出现；高宗永徽二年（651年），这些形象又出现在墓葬的壁画上。而这说明“那时女子不仅穿男装，而且骑马驰骋了”。造成唐朝女性着男装的原因，主要有：1.唐朝初年与突厥等北方胡人之间的战争和往来，身着胡服的男女大量进入中原，男式胡服被唐朝妇女当作时髦装束；2.这种社会风尚在高宗、武则天时期迅速扩散。“这些女性的社会形象，往往是以男装的模样出现的”。甚至武则天少时，其父母便将她男装打扮以示相士。同时，作为才子佳人题材小说之肇始的唐传奇，也为男性展开对木兰的想象提供了一个合理的前提。唐代那些文采飞扬的作者在流溢着才子佳人想象的社会文化语境中，自然而然地将木兰与佳人相比附，而自己则满足了作为“才子”应有的心理，故有诗人白氏“春梦”、“女郎”之说的产生。

木兰以一个符合了时代想象的形象进入文人话语之中，同时也满足了韦元甫这般道德家想要达到的教化目的。由此可以看出，文人对木兰的想象建构并非一致，甚至是大不相同的，这从另一个角度说明，正是唐朝较为开放和多元的语境，为木兰形象的丰富饱满提供了条件。

同时在“木兰传说”的地方化走势中，木兰文化的艳美之花开遍全国各地。与木兰是否实有其人，是哪个朝代人相对应和相关联，木兰是何地人，历来也是众说纷纭，各执一词。这种争议追溯起来，肇始于唐代，至宋元明清各代争议之风愈演愈烈，蔚为大观。主要有湖北黄陂说，河南虞城说，安徽亳州说，陕西延安说，山东任城说，河北完县说和甘肃武威说等，以前三说尤甚。

湖北黄陂说。《黄陂县志》为木兰单独立传，不像其他地区，木兰事迹散见烈女、节女诸传中，足见木兰在此地所享的殊荣。其中受到普遍关注的是《木兰古传》曰："木兰将军，黄郡西陵人也，姓朱，父寿甫，母赵氏，无子，祷于建明山。赵氏梦山神抱一女入室……遂有娠，如期生女，是为木兰……寿九十以疾终于家。冢在木兰山后，上有一冢，即将军墓，下有一冢乃葬衣冠处，旧有碑碣。"[10]木兰的生日为四月八日。故居在今滠水左岸的黄陂区姚集街大城潭村。在这一带以及整个木兰山区以木兰的遗存遗迹为构成元素，形成了一个"木兰传说"保存生长区和木兰文化氛围区。尤其是在以木兰山为中心的地区两度设木兰县，木兰故里的不容置疑性似较别处坚挺。且木兰的来历、结局都不同于他处，独具黄陂地方特色。

河南虞城说。虞城营廓镇木兰祠所存元代石碑《孝烈将军祠像辩证记》曰："将军魏氏，本处子，名木兰，亳之谯人也。世传可汗募兵，孝烈痛父耄羸，弟妹皆稚呆，慨然代行，服甲胄……人莫窥非男也,历年一纪……朝觐天子,喜其勇功,授以尚书。隆宠不赴,恳奏省视,拥兵还谯,造父室,释戎服，复闺装，举皆惊骇，咸谓'自有生民以来，盖未见也！'卫兵振旅还，以异时闻于朝。"又云"睢阳境南，东距八十里曰营廓，即古亳方域，孝烈之故墟也。亦建祠像，土人以四月八日致祀，及将军生期，沿习古老之云也。"当地木兰文化浓厚，不但有大的庙宇祠堂，还有隆重的祭祀仪式，木兰已经成为当地一个非常重要的神。

安徽亳州说。安徽《亳州志》载：木兰为"亳州东魏村人"，并有"孝烈祠旧在东关外。"在亳州称"祠"而不称"庙"，当地人认为是木兰的后代为她建造的家庙。与其他木兰故里一样，该祠每年四月八日举行盛大庙会，说这是木兰的生日。在亳州东魏村后至今尚有一孤堆，称魏孤堆，传说是木兰墓。元至顺三年《孝烈将军祠碑》写道："神姓魏，字木兰，亳州人。"明何出光《木兰词赛神曲》引文写道："将军亳州人，魏氏女。"清康熙十二年仲春《重修龙王庙、孝烈祠碑》写道："阅木集与涌幢诸书，知孝烈家世亳都，以闺阃之秀，代父从戎"。

"木兰传说"定型期的五大表现特征是：

思想型方面：唐初追敕木兰"忠孝勇烈"谥号。元代《汉孝烈将军记》亦曰："自唐始赠（木兰）'孝烈将军'。"黄陂木兰山上仍存的"唐木兰将军坊"背面刻勒的"忠孝勇节"[11]便是证据。在社会政治力量的倡导下，木兰的形象被推崇得更加高大丰满，其包含的思想意蕴也更加健朗充沛，"忠孝勇烈"千百年来一直被认为是木兰精神的高度概括和准确总结。

文化型方面：讴歌赞颂木兰事迹的诗歌、散文、游记等文学作品大量涌现，流播古今，影响深广，成为我们感受"木兰传说"脍炙人口的载体，表明木兰的故事在唐代已经广为流传，从民间走来的木兰形象登上大雅之堂，进入主流文化层面。如唐会昌二年，大诗人杜牧任黄州刺史。会昌三年，他便来到辖域内的黄陂木兰山，谒木兰庙，挥毫写下《题木兰庙》的千古绝句："弯弓征战作男儿，梦里曾经与画眉。几度思归还把酒，拂云堆上祝明妃。"[12]另一位唐代大诗人白居易也有咏叹木兰的遗墨："腻如玉脂涂朱粉，光似金刀剪紫霞。从此时时春梦里，应添一枝木兰花。"徐凝也有一首《和白使君木兰花》："枝枝转势雕弓劲，片片摇光玉剑霞。见说木兰征戍女，不知那作酒边花。"这些当时群众喜闻乐见的流行形式，改变了《木兰诗》的单一性，极大地促进了"木兰传说"的传播和木兰文化的弘扬。

制度型方面：南齐时期设置的木兰县虽一度变更，但《隋书·地理志》记载，隋开皇十八年中央朝廷诏命在原地复称此名，表明最高统治者的再度重视。如果说南齐朝廷还只是一个割据一方的局部政权，那隋王朝就已是威披九州的大统一了。隋王朝复在今武汉市黄陂区北部设木兰县，可想对弘扬木兰精神的巨大推动力。

宗教型方面：全国不少地方都为木兰建祠立庙树坊以祭祀之，民间民俗的相关活动亦附之兴起。黄陂民间流传有"朝了木兰山，官家不再贪，百姓玩街门不关"的俗语。现今黄陂木兰山仍存有木兰殿和"唐木兰将军坊"。木兰殿内木兰各个时期的塑像栩栩如生。对于石牌坊上时代含意的解释，一般人理解为唐代的木兰将军坊，实际应理解成唐代为木兰将军建的坊。唐代李冗撰《独异志》曰："古有女木兰者，代其父从征，身备戎装十二年，同伙之卒不知其是女儿身。"唐人称其"古人"，可见木兰距唐代生活年代久远。唐代给木兰树坊，是一种追怀先勇、激励世人的社会行为，说明木兰事迹影响日炽，已经成了振扬国人气概的强大精神动力和规范其伦理道德行为的生动典范，开始具有教化的功能。由于木兰教化作用的增强和全国许多地方为之建庙，供奉木兰塑像于庙宇中，有的史志干脆直呼木兰为"神"。

社会型方面：由于木兰事迹年代久远，史载语焉不详，在木兰传说的地方化走势中，全国许多地方在谱写木兰时代乐章的同时，又开始争认木兰将军是自己家乡之人，既表达了广大人民群众对她的崇敬与仰慕，又加快了木兰精神的传扬，同时反映"木兰传说"的传承有着广泛的社会民意基础，客观上还构成了几处重要的木兰文化形成源和传播源。

1.4 衍进期

到了宋元明清时代，木兰传说以木兰思想伦理内涵的进一步强调充实和木兰形象更加文学艺术化为主要特征。

为适合当时社会的需要，"木兰传说"故事在发展中增衍，在增衍中发展，分为两个阶段。

宋元时代：木兰思想伦理内涵得到进一步强调与充实。木兰作为一个传奇形象被各类史志单独成篇，披露了统治者的良苦用心。随着中国封建社会程度进一步加深，作为其政治统治精神支柱的伦理纲常，当然也要得到进一步夯实。木兰就在这样的社会时代背景下被进一步改造成一个"烈女"、"贞女"形象。元代《烈女篇》

河南虞城清代孝烈将军碑

道："天子嘉其功，除尚书不受，恳奏省亲，乃命军士卫至其家，释戎服而服巾帼，同来者皆大惊骇，军士还奏，帝召赴阙，欲纳之宫。对曰：'臣无媲君之礼'，以死拒之。帝惊悯，赠将军'孝烈'。"《黄陂县志》辑古《木兰志》曰："木兰将军旧志列诸贞女，以冠节孝之首，可谓知所重矣。然于尊崇之意，犹觉欠然……"前面已经叙及，从《黄陂县志》可知，黄陂木兰山上的木兰牌坊，最初的内容是"忠孝勇烈"，后来又改成"忠孝勇节"，可见"烈"、"节"等观念都是树坊者要着力强调的。

至两宋时期，由于《木兰诗》先后被收入《古文苑》、《文苑英华》、《乐府诗集》等文学总集，又受到黄庭坚、程大昌、严羽等著名学者的研究论说，流传更加广泛。北宋《太平寰宇记》记载黄州（黄陂古属黄州）有木兰县、木兰乡、木兰庙等建置或胜迹。述曰："旧木兰县，取此为名。今有庙，并木兰乡。"宋代鸿儒程大昌曾疑《木兰诗》是"寓言"，当他看到杜牧在黄陂木兰山所吟《题木兰庙》后，便信而释疑，并在所著《演繁露》中写道："观杜牧此诗，既有庙貌，又曾作女郎，则诚有其人矣，异哉！"

程大昌在《演繁露》中还寥寥数语交代木兰"乃女子代父征戍，十年而归，不受爵赏"。作者略加自己的评语曰："女子能为许事，其义且武，在缇萦上。"缇萦是汉代孝女，被列入《列女传》中。对于木兰其人，作者一面怀疑为寓言，一面又对其真实与否表露出极大兴趣。这既惊叹却又不敢相信的证据，足以表明作者对木兰其人其事的赞叹，以缇萦比木兰且认为木兰在缇萦之上，所叹者乃木兰超出缇萦孝行之上“义且武”。其中反映出来的，一是作者有意将木兰塑成一个孝义女性的形象，二则可见孝义观念此时已经较深根植于作者意识当中，或者说符合作者想象的木兰应当是这种孝义并且勇武的形象。这是继唐代韦元甫之后将木兰从原诗中一个替父从征的纯朴女性塑造为一个笼罩着深厚的伦理道德色彩的女子形象的延续，极力建构和描绘木兰身上的伦理道德，进而反复评说、大力渲染，是文人们作此类道德文章惯用的路数，这在以后的文人作品中屡见不鲜。

同样，何溪汶在《竹庄诗话》中转引《乐府题解》云：“木兰，孝义女也，勇不足以言之耳。世之女子，有所感激愤厉，或果于杀身而不能成事者，古盖有之，至于去就始终，皆得其道，如木兰者鲜矣。作是诗者，词意高古，殆与其人相当。”在这段文字中，作者索性直截了当地称木兰为“孝义女”，甚至木兰的勇已“不足以言之耳”。曾经在唐朝以“弯弓征战”而又“脂粉独饶”的形象受到赞美的木兰，此时被塑成为一个单纯的道德载体，“去就始终，皆得其道”成为加诸木兰身上最为重要的、最值得注目的元素。

而特别值得注意的是，原本《乐府题解》中并不存在《竹庄诗话》所说的转引而来的这样一段话，而仅援引《古今乐录》简单交代了《木兰诗》的来源和出处，显而易见，作者之所以无中生有地为自己杜撰出的这段文字制造一个出处，无非是想加强他自己的论证，这是文人们加强自己话语权威的典型手段。作者在叙述木兰故事时发出赞叹，依然是作者有意识地主动来推行其道德观念的方法，我们所看到的亦只是文人们一厢情愿地将木兰提升到一个崇高的道德境界的企图。

元代“死烈”、“节义”与苛刻世风盛行。从元朝开始，对木兰进行评说和再创造的文字开始增多，而道德话语此时也便开始占据主流位置，与此同时，与道德话语不相符的其他类型的话语亦开始增多，呈现出一种道德诉求愈加严苛而违背道德的叙事情节却在道德论述中被创造出来的隐蔽着的矛盾情形。

在元代侯有造《孝烈将军祠像辩正记》一文中，程大昌、何溪汶的道德宣扬得到进一步强化。这篇为木兰祠堂而作的文章全文约一千七百字，是最早的关于木兰的历史叙事较为详尽的一篇，从木兰的出身、家世，到木兰的情状气质、沙场英姿，无不备述。文中对木兰神像的描写亦不吝笔墨，惟妙惟肖，同时对木兰究竟生活于何时亦作了属于作者自己的详尽考证，而文末对木兰大段的评语则更见作者意图所在。

与同时期的《烈女篇》一样，该文最引人注目的一点乃是增添了《木兰诗》中不曾有的木兰归乡恢复闺装之后，皇帝闻之欲将其纳入宫中而木兰以死反抗的情节：“召复赴阙，欲纳宫中。将军曰:‘臣无媲君礼制。’以死誓拒之。势力加迫,遂自尽。”[13]作者由此判断这便是木兰所谓“孝烈将军”谥号得来的缘由。如果按照作者的说法，在他撰写此文之前从长辈处耳闻早已有“昭烈”、“孝烈”等说法在民间流传，并建有祠庙。

从现有资料来看，元代给木兰安排了一个“自尽”的结局，并且君臣之礼、男女道德的意义开始在这一“自尽”事件中呈现，同时间接地融入了政治与色欲的朦胧色彩。由于木兰的女性身份，便使得男性作者们将原诗中并不存在的“色”与“色的吸引”凸现出来。

然而，这里的“色”一方面是造成木兰与皇帝之间矛盾冲突的由来，一方面却又成全了木兰的贞烈美德：让木兰因之而死——原诗中未曾提及的所谓木兰的美色，此时为突出木兰更有道德价值的美而被创造出来，可见作者的良苦用心。而这又是一种多么矛盾的心态！既要木兰有美色，同时又让这美色造出矛盾，让木兰因这美色而死，文人心理中对女性德与色的矛盾要求此时暴露无遗。

在这一矛盾冲突里，反映出来的不仅有作者对女性的矛盾要求，还可见作者有意显示出来的所谓君与臣的矛盾、君王昏庸而臣子却必须节烈的矛盾话语，整个事件实际是荒淫君主利用威权猎色和烈女自保清白的老故事，在元代更具“抗暴贞烈”的现实意义。作者编造这一情节，正是由于当时的社会语境和情境氛围在他意识中的投射。

至明清时，特别是清代，有关木兰的历史叙事又逐渐开始从“死烈”语境走出来，转向不以死节而以“忠孝”为核心的道德话语。

康熙年间的《黄陂县志》特别强调“父录兵籍贯，年老不堪”，并为木兰安排一个“终身未适”的结局。该县志中另一篇文章更是称“木兰忠孝为古今第一奇女子”。特别值得一提的是，有一篇署名“邑人 王霁”所写的《木兰将军》。该传说篇幅不长，但塑造的木兰形象却别有意味。曰“木兰少时，闲中女则专一诚庄粹如也”，并浓墨重彩地描写了木兰在军中十二载的情景：“严翼供服，言笑不苟，出入启处，自有绳度，每危然独坐，不与人群，一时于迈者，畏威莫敢玩视，服忠莫能诈探，信其磊落奇伟，凡若履贞，体顺端倪，一军咸无能测。”在作者的叙述中，木兰俨然一个高深莫测、令人敬畏的老将形象；与前者唐人白居易对木兰美艳妖娆脂粉之态的刻画及元明时人对木兰身上“色”的物质强调不同，此文一扫木兰身上的铅华脂粉，塑造了一位典型的女中豪杰形象——“天下闻知，号称‘女丈夫’”。作者最后赞叹曰：“忠孝节义，永辞于世诞。”

同邑人士黄彦士所写《木兰将军秋胡妻与二程夫子并表序》则别出心裁，将木兰与秋胡妻和理学家相提并论，更为明确地表达了反对“死节”的态度，赞扬的乃是木兰坚守节义却又能“嚼然不以死生动念”，可贵之处在于“其所难为以成其志”。

署名为“武进人 杨廷蕴”者同样在木兰的“忠孝节义”上作文章，对木兰故事的情节编排基本遵照《木兰诗》，只添加如下论文曰：“凡夫性之所至，发而为忠孝，为节义，固不以男女殊也。”“以闺中一女子，而至性自矢，孤行于数千里之外，往来于沙漠锋镝之间，代亲远征，全身复归，其为忠孝节义，殆何如哉！”[14]作者叹息道：“天下之为人子，负七尺躯而长老户牖下，不能报勋劳于万一者，其视木兰可以愧矣！”作者一面陈述其“忠孝节义不以男女而殊”的观点，进而借木兰表达其对无能报国之天下士人君子的愤然之情。

“泥人王”泥塑：木兰跃马从军

由于商品经济的发展和市民生活的需求，明清时期成为我国戏曲艺术和小说文学高度发展的高峰时期。木兰的文学艺术形象更加丰满成熟，是这一时期木兰形象的又一特点。因为戏曲和小说这两种体裁的容量较大，能舒展自如地铺陈情节，展演故事，表达主题，推动“木兰传说”的文学艺术化上升到一个比较高的、有相当审美价值的美学境界。事实上，两千多年来，木兰形象在众口相传和文艺再现中不断推陈出新，不断扩展和充实，成为“木兰传说”最基本的传承形式。这时“木兰传说”衍进期中的两个重要现象是，木兰形象的文学艺术价值开始超过历史价值，主题倾向也由伦理说教转向艺术再现生活。突出表现是文本中不仅出现大量生活化的细节描写，还出现表现木兰爱情的内容，有的版本爱情故事凄丽委婉且悲怜，增加了木兰形象的艺术感染力。木兰姑娘也开始有了一个极具女性色彩的“花”的姓氏。明代著名戏曲家徐渭编有杂剧“四声猿”，共四折，其中一折名《雌木兰》，又名《代父从军》，剧中主人公名“花木兰”。这是能见到的“花”姓“木兰”的最早例证，后世所言“花木兰”可能源于此。该剧因《木兰诗》“增饰成剧”，故事情节较之《木兰诗》有较大的发展与丰富，成为后来昆曲、京剧及诸地方剧种中有关木兰题材戏曲的基础。

明清小说专写木兰事迹的有《闺孝烈传》、《木兰古传》、《木兰奇女传》，手抄本《木兰宝传》、《平北传》、《花木兰扫北》等。其中影响最大的是《木兰奇女传》[15]。根据《中国通俗小说总目提要》记载，这部小说现存最早的版本是清光绪四年的道生堂本，之后刻本甚多。1992年出版的点校本，是以北京师范大学图书馆藏京都养真仙苑藏版本为底本。《木兰奇女传》在木兰故事的展开上，堪称集前代文学创作及民间传说之大成。作者叙事演绎出一部十二万言的长篇白话小说，情节曲折，摇曳生姿，文本的丰富与发展是十分明显的。书中述曰："木兰姓朱，为湖广黄州府西陵县（黄陂古时曾一度称西陵）双龙镇（即今姚集镇大城潭村）人。"书中有关木兰家乡地理形胜与山川风物的描写，均与今武汉市黄陂区木兰山及周围的方志记载吻合。此前明代著名史学大家焦竑在其《焦氏笔乘》里叙曰："木兰，朱氏女子，代父从征。今黄州黄陂县北七十里，即隋木兰县。有木兰山、将军冢、忠烈庙，足以补《乐府解题》之阙。"文中涉及的古木兰县的地理坐标直指被认定为木兰故里的今大城潭村。明《木兰古传》也称："木兰将军黄郡西陵人也……。"清康熙雍正时官修的万卷文献重典《古今图书集成》把关于木兰的诗、文、事都置于黄陂的条目里，反映了当时从官方到民间的一致认可和学界人士的广泛支持。所有这些溯源性质的记载，都极大地增加了小说《木兰奇女传》民间传说的史实可信度。

1.5 弘扬期

在近现代，木兰传说以突出木兰形象中家国情怀的高尚精神为主要特征。

近现代以来，随着中国人民反对外来帝国主义和国内反动派统治的不断展开，常释常新的"木兰传说"必定要被赋予高亢昂扬的格调。木兰由"烈女"、"贞女"、"节女"的传统形象升华为一个民族英雄，揭示了这种变化的实质。因为木兰故事的发生是为了抗击外来入侵，所以"民族英雄"的因素是早已蕴涵其中，只是我们根据时代提出的要求，让其凸现而已。

木兰故事虽在《木兰诗》中已经成型，但文人创作和民间传说一直非常活跃。木兰传说透过各种文艺形式代代相传，在进入近现代之后发生前所未有的变化。其一是现代化，木兰由孝女变成了女性国民，木兰精神由"忠孝勇烈"演变为"家国情怀"；其二是视觉化，木兰被多次搬上银幕和舞台，使木兰精神更有直观的感受力和感染力。

木兰传说的现代化，是社会时代的产物。晚清以降，民族主义的观念空前发达，国民的观念与女性解放的思想相互呼应，这些都在木兰故事的改编中产生了回响。木兰传说的视觉化，则与影视等技术的发展息息相关。

现代的木兰故事变化很大，但其核心要素没有变。木兰故事的核心"基因"是女扮男装、代父从军和功成身退，以此构成首尾呼应的叙事。缺其一，都会极大地扭曲其意义。这三个核心基因，也使得木兰传说区别于梁祝、西施、梁红玉等其他类似题材的故事。梁祝有扮装但与战争、国家无涉；西施与梁红玉反之，有战争、国家议题但无扮装。木兰故事兼而有之，其女扮男装勾连着性别议题，代父从军关涉到家庭、国家和战争的议题。

国家和民族利益的增强，是木兰精神成为时代主流意识的前提。土地革命时期，战斗在海南琼崖的红色娘子军连连歌唱道："古有花木兰，替父去从军。今有娘子军，扛枪为人民……"又如1927年11月爆发的著名"黄麻起义"。12月下旬，起义军由副总指挥吴光浩率领72名骨干，辗转突围到黄陂木兰山区，在此建立中国工农革命军第七军，坚持斗争达到三个多月之久。这支军队后来发展壮大，在江河淮汉和大别山区与国民党反动派奋力抗争，创建了全国第二大苏区——鄂豫皖苏区的红四方面军。在那段艰苦卓绝的岁月里，他们日夜与木兰庙宇和木兰塑像为伴，充分感受其精神。据王树声、陈再道等一些老革命家在解放军文艺出版社出版的《红旗飘飘》故事集《从黄麻起义到鄂豫皖边割据》一文中回忆，有时在战斗的间隙，战士们登高临远，听天风浩荡，看山水苍茫，遥想当年巾帼英雄木兰将军女扮男装、雄胆不让须眉的盖世英才，不觉斗志倍添。为纪念中国革命史上这非凡一页，胡耀邦题写了"木兰山纪念碑"；李先念题词："巍巍木兰山，革命浩气存！"徐向前题词："木兰山的革命烽火燃遍了大别山！"陈再道题词："木兰精神，万古长存！"据调查发现，民国二十八年（1939年），在抗日战争如火如荼的峥嵘岁月，黄陂军民曾以在木兰山北坡的木兰墓旁刻名树碑的形式，举行过大型公祭木兰的活动，以汲取民族养分，增强必胜信念[16]。另据《黄陂革命斗争史》介绍，抗日战争时期，这里的军民还以木兰古建筑为掩体，以木兰将军为楷模，与外来侵略者展开顽强斗争。

20世纪二十年代，中国电影刚刚开始具有拍摄长篇叙事的能力，"木兰从军"题材便进入当时电影人的视野，出现竞相拍摄的局面。上海民新影片公司于1927年首先选择拍摄《木兰从军》，公司老板黎民伟与导演侯曜，雄心勃勃地想把这部影片拍摄成一部当时少有的大制作，并对《木兰从军》中提到的战争场面狠下工夫。黎民伟奉孙中山之命随国民革命军北伐，随军拍摄纪录片，得到军方协助，以古战场的实地进行拍摄。据说，国民革命军第十一路军的总指挥方振武，对艺术颇有兴趣，对木兰忠孝两全的精神更是佩服，不但答应动用军队当临时演员，而且将军队的马匹和骆驼供拍片之用。但是由于在冬天拍摄，加上交通不便，拍摄过程艰苦而耗时过长。当时很有实力和经营头脑的上海天一影片公司以不用外景的策略抢拍，完成《花木兰从军》后抢先公映，一时成为人们热议的话题。也是在抗日战争时期，著名戏剧表演大师梅兰芳编演的京剧《替父从军》，更是轰动一时，极大地鼓舞了全国人民的抗战斗志。孤岛时期的上海，各种政治力量在此蜂起相争。著名导演卜万苍制作的影片《木兰从军》创下当时电影票房纪录。这部影片由欧阳予倩编剧，花木兰由红极一时的影星陈云裳扮演。影片在沪连映八十五天，超过此前的纪录保持者王人美主演的《渔光曲》，直到八年之后，这个纪录才被《一江春水向东流》打破，给当时处在抗日图存的中华民族以巨大正能量。

1950年，朝鲜战争爆发，中国人民志愿军赴朝参战。京剧及诸地方剧种都不约而同地编演《代父从军》、《花木兰》等剧目，给前线"最可爱的人"送去了高质量的精神食粮。在朝鲜三千里江山，那荡气回肠的"雄赳赳，气昂昂，跨过鸭绿江。保和平，卫祖国，就是保家乡"的激越唱词，不就是"家国情怀"的生动表达吗？著名表

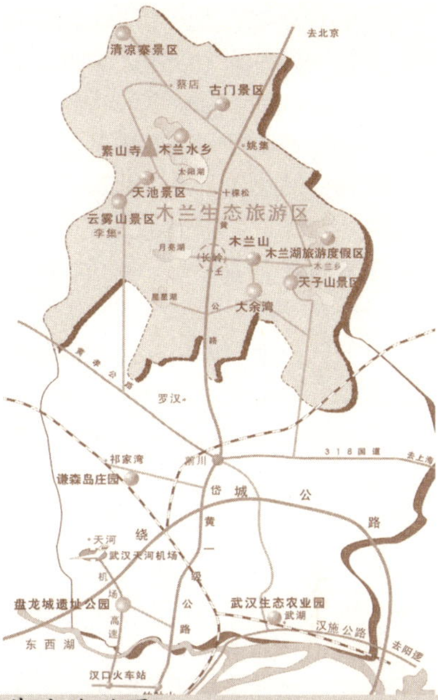

黄陂旅游图

演艺术家常香玉版豫剧《花木兰》影响最大。剧本共有十个情节：犯边、机房、练兵、别家、救帅、巡营、破敌、提亲、恩兰、荣归等，基本上保留了木兰传奇的核心要素，故事内容较为精简，省去了情感纠葛，增加了思想动员，短小精悍又情节完整，慷慨激昂而明快幽默。

捐赠支前的直接目标，使得本剧充满同仇敌忾、保家卫国的火药味："为国家齐报效，恨敌人侵中华，怒冲霄，整顿貔貅奋勇，人人如虎生翼，逞英豪。旗幡耀日，勇士们齐放连珠炮。响咚咚，金鼓齐鸣，布阵势如卷海潮，布阵势要把贼扫。"

在"机房"和"别家"这两出戏中，国家兴亡和家庭祸福紧密相连，等量齐观，两者之间没有矛盾，几乎画上了等号。强拉壮丁不是问题，谁来应征——女儿还是老父方才构成了一个问题。木兰故事本身内含的不公和悲剧继续消隐到幕后，只不过这次走上前台的是本着国际主义和反抗霸权的精神在全国掀起的抗美援朝志愿参军拥军的热潮。这两出戏叙述了木兰是如何自我请缨、说服家人并安顿后院的英雄事迹，这也正是主流意识形态所乐于看到的情节设置和当时危急形势之下的革命话语叙事的必然要求。如果说"机房"和"别家"向观众展现了家庭应该如何面对参军打仗的范本的话，那么"征途"则生动地展现了走出家庭的个人组成的社会应该如何应对思想领域的斗争。家喻户晓的"谁说女子不如男"的选段即来自这出戏。戏中虚拟的角色——刘忠代表了在残酷的战争和参军过程中与国家权力意志不相协调的落后思想。"刘大哥"处处考虑一己之私，牢骚满腹，对战争和前途充满悲观论调。人民英雄化身的花木兰挺身而出的两段演唱义正严辞地批驳了拉后腿的言论，并最终说服刘大哥重新回到正确队伍中来。第一段唱词驳斥落后分子贪生怕死不愿参军的自私情绪：

"刘大哥再莫要这样盘算，你怎知村庄内家家团圆？边关的兵和将千千万万，谁无有老和少田产庄园。若都是恋家乡不肯出战，怕战火早烧到咱们的门前！"

第二段唱词驳斥落后分子贪图安逸歧视妇女的畏缩不前和大男子主义：

"刘大哥讲话理太偏，谁说女子享清闲。男子打仗到边关，女子纺织在家园。白天去种地，夜晚来纺棉。有许多女英雄，也把功劳建，为国杀敌是代代出英贤，这女子们哪一点儿不如儿男！"

这两段铿锵有力的唱词不仅说得“刘大哥”心服口服，也深刻地教育了无论是处在抗美援朝后方的大众还是前线的勇士。

国家政权的强势介入和大力宣传，促成了“木兰传说”神话的重获新生，木兰的形象获得了不同于卜万苍电影《木兰从军》的全面刷新，为半个多世纪前那场爱党爱国的群众运动起到了推波助澜的作用。

1.6 流变期

在当代，木兰传说以木兰精神的人文价值得到全面充分体现为主要特征。

何谓“流变”？就是既有承袭、发展，又有创新，兼具延续性和变异性双重素质。文化即财富，这也是整个社会观念发生的流变，它体现出一种与时俱进的思想理念。

20世纪六七十年代的十年动乱及由此导致的文化虚无岁月，作为木兰文化的一些传统表现形式，都被视作封建迷信横遭清除。党的十一届三中全会以后，随着万物复苏和万象更新，木兰文化的发展重又走上健康轨道。上世纪八十年代初，由湖北省、武汉市和原黄陂县15家单位联合发起的在木兰故里木兰山“修木兰胜景、扬木兰精神”的活动，奏响了新时期木兰文化复兴的序曲。但这仅仅只是复兴。进入九十年代，特别是进入新世纪后，随着改革的不断深入和社会主义市场经济观念的确立，人们开始意识到，《木兰传说》不单只是一个教化体系，它还是一份久酿奇香的人文资源，这就开始了木兰文化的流变。

武汉市黄陂区在木兰山上大规模修葺木兰殿宇、牌坊等纪念性建筑，除仍有昌复传统意义上的木兰文化之功用外，另一目的就是在社会主义市场经济条件和对外开放开发的大前提、大环境下，把《木兰传说》这份宝贵的历史遗产转化成一种区域性的人文资源优势。黄陂作为广泛认可的木兰故里，动作超常，这里将整个湖山锦绣的区境北部（即古木兰县的辖域）947平方公里的面积，规划成“木兰生态旅游区”，形成了一处独具魅力的《木兰传说》文化场。在传统的木兰山景点之外，尚开发出木兰湖、木兰天池、木兰古门、木兰草原、木兰清凉寨、木兰云雾山等新的景点，并赋予优美的《木兰传说》内涵，以世代沐浴其光泽，恒久吸纳其精华。如今这座“武汉后花园”的开发利用，已被联合国开发计划署列入《中国二十一世纪议程》优先项目。不仅如此，文化形态还向饮食文化、武术文化诸实效文化领域渗透，出现了木兰茶、木兰泉饮料、木兰醇酒等产品，创办了“木兰文武学校”，编练了木兰剑、木兰拳、木兰枪等武打招式。以木兰命名的各类社会名称达数百处，木兰文化氛围浓郁，绚丽多姿，异彩纷呈。每年农历八月的朝觐木兰山活动亦得以恢复，并赋予了积极、健康、进取的新内容。

木兰山之木兰花

木兰云雾山杜鹃

旅游促进了文化的普及与传承，文化则赋予旅游更迷人的魅力。从上世纪末至今举办的十余届中国武汉木兰旅游文化节，更是以木兰文化促进区域社会经济发展的新的有益举措，其内容丰富，好戏连台。既有木兰文化民俗展示、戏曲演唱，又有武术表演，还有“木兰传说”研讨会等，海内外群贤毕至，少长咸集，不仅使“木兰传说”获得了每年一度的集体重温，也使木兰文化得到一次次新时代包装下的弘扬。2000年“第二届中国武汉木兰旅游文化节”期间，国家邮政总局还在黄陂木兰湖风景区成功举行了《木兰从军》邮票首发式，引起海内外媒体极大关注。与此同时，作为“木兰传说”地方化的做法，“木兰传说”的培根固基工作也在进一步加强。除大型楚剧《花木兰》外，还视角独特地选取木兰出征前的一段生活经历，编演了大型楚剧《少年花木兰》。这些故事都集中发生在黄陂木兰山脚下，地方特色鲜明。四十集电视连续剧《一代巾帼》，也以黄陂木兰文化资源为依托。大制作、全明星阵容的大型音舞诗画《木兰山组歌》，更以一种全新的视听效果和实景演出形式形成强烈的艺术冲击，达到了社会效益与经济效益双丰收。所做这一切的目的，就是要在传承与弘扬的旗帜下，努力把武汉黄陂的“木兰传说”打造成传承形式与时俱进的非物质文化遗产国家级精品，并为申报世界非物质文化遗产做好必须的基础性工作。

与此同时，木兰文化的转移，使“木兰传说”获得了国际意义。美国迪斯尼公司以其雄厚的实力，制作出工艺复杂、耗费巨大的动漫影片《木兰》。从水墨画的片头，红色龙韵标志到长城与狼烟，美国人符号式的图解展现古中华的形象。随着攀长城的铁钩子被甩入镜头，一部纯正的美国版“花木兰”开始流畅发挥。木兰因不能“成功”地出嫁，不是称职的“女儿”，而不能给“家族”带来荣耀。于是在“要为家族争光”的建议被拒绝之后，她直接选择了深夜悄悄地不辞而别，踏上从军之路——由此踏上了争取家族，更确切地说是争取自己的“光荣之路”。木兰起初的军队生活，与其说是中国式的军事集训，倒不如说是一种类似美国特种部队的训练。她与伙伴们所经历的“战前教育”，更像是我们常见的好莱坞模式——看起来毫不起眼，甚至被人瞧不起，颇有些难对付，但其实个个似身怀绝技的一队美国陆战队队员或是雇佣军“重振旗鼓”的过程。战争中木兰不是凭与男子们在战场上拼杀，而是凭借灵活机智，打赢了以少胜多的一仗，并解救了她的上级也是爱人的男主角李成。然而，木兰也正是为此而负伤，并暴露了女性身份。这是影片情节的转折点。这一笔使美国版的花木兰得以在后半段故事中以女儿身和平民装扮完成了其对其家族和国家的荣耀使命。这一情节设计绝非臆造，“军规”（社会的政治道德规范）是不可以有丝毫通融的，即使家与国的危难在即，但规则不容侵犯。这也就是为什么木兰会选择不辞而别，因为作为军人的父亲是不可以明知故犯的。因此，李成不可以原谅、解救危难中的木兰，木兰一定要背上欺骗的罪名，被逐出属于男人的领地，从而使木兰被逼入更深的困境，得以完成其似“兰博”式的美式个人英雄主义救驾伟业。这就是美国版“花木兰”：一个敢于冒天下之大不韪，仿若骑着良驹驰骋于西部草原的孤独牛仔。正因为这种木兰神话的全新解读，让动漫《木兰》在全球范围赚了个钵盈罐满。

国际知名学者、原华中师范大学校长章开沅教授曾深有感触地说，1998年美国迪斯尼公司利用高科技手段制作的卡通片《木兰》热映全美时，他正在美国，那种轰动效应至今让他难以忘怀。由于历史和人种的偏见，华人在美国影视中基本上是负面、次要形象，花木兰是第一次作为正面和主要角色呈现屏幕，而且又是那样一种英武的女性偶像，不仅使西方人重新认识了中华民族，也使无数的海外华人扬眉吐气。卡通片《木兰》的效应，也给章先生三点启示：一、在文化方面，只要是真正民族的，就一定会成为世界的；二、在当今全面开放的国际大环境下，我们本民族的文化资源要全面和尽可能地转化成文化财富，不能叫外国人掠我之美；三、在弘扬民族历史文化时，不能只拘泥于传统表现形式，而要把古老文化融入现代文明里去，借助当今高科技造成的强烈视听冲击效果，来光大和延伸我们优秀的民族历史文化。章先生还从全新视角阐释了木兰之美。他认为木兰文化实际可引申为一种女性文化，它既不同于传统意义上的女性文化，也不同于现代流行层面上的女性文化。前者多以封闭和纤弱为征象，后者则有较重的性开放意识。木兰之美主要不在于外在形体，而更多地体现于内在精神，木兰的美带有撼人心魄的人格力量，她是一种崇高的美，健朗的美。

在全球化语境下，美国迪斯尼公司制作《木兰》取得世界范围内的巨大成功，确实给我们以深刻启示。这就是：以现代的本土化为根基，以审美化的人文化为旨归，以国际化的产业化为方向，将民族特色与全球视野兼顾、情感艺术与科技理性融合、经济利益与文化效应并重，最终实现真正现代意义上的民族化。

“木兰传说”的产生，应先有历史的史核，由这种史核生长出丰富多样的民间口头传说，再被记载于历代史籍。史籍采用了民间传说，民间传说又从史籍中汲取了营养，两者相辅相成，并肩增长。

纵观“木兰传说”发生、发展与变化的漫长过程，我们可以得出一个基本结论。由“木兰传说”故事发端为源头，已经在黄陂这片古老丰腴的沃野上形成了一条水量丰沛、蔚为大观且多姿多彩的木兰文化长河。她浇灌着我们的心田，滋养着我们的心灵。由于时代、环境和地域的不同，该传说传承、发展形态出现不同阶段的增衍、叠加等现象，但故事内容的基本情节和基本精神一直保持着。在所历经各个时代特定的历史条件下，这些具象的与抽象的精神财富逐渐得到社会的崇奉，并通过不断的多角度探解，其意义被发掘，被阐扬，在我们民族的历史上长期发挥精神支柱的作用。即使在“木兰传说”得以产生的经济基础、社会结构发生深刻嬗变的后世各代，“木兰传说”因其内在精神的超越性和历代解释者的不断重建，而具有历时愈久却光辉愈显的不朽性。“木兰传说”这种在流传历程中不断被丰富、被放大和被加深的现象，是至关重要的。木兰形象在中华民族中的崇高地位，不仅由木兰动人故事本身内涵的丰富性和震撼力所决定，也由这种内涵反复不断地被阐释所强化。两者的不断作用，共同铸造了木兰形象的历史范式和经典。

注释：

1、2、7：选自宋代郭茂倩编的《乐府诗集》之《木兰诗》，《汉魏六朝诗鉴赏辞典》，上海辞书出版社，1984年版。

3：《黄陂木兰山和木兰文化》，《武汉通史·秦汉至隋唐卷》，武汉出版社，2008年版第86页。

4、5：元代至顺三年间完县《汉孝烈将军记》。

6：宗白华：《美学散步》，上海人民出版社，1981年版。

8：[宋]《文苑英华》卷三三三；《乐府诗集》卷二十五。

9：阮润学：《黄陂境内有座古木兰县城》，《武汉文史资料》，2002年第7期。

10：明代手抄本《木兰古传》，清同治《黄陂县志》卷之七下《木兰志》。

11：据清同治版《黄陂县志》记，最初刻勒的内容也是“忠孝勇烈”，明朝时才改成“忠孝勇节”。

12：杜牧：《题木兰庙》，《樊川文集》（何锡光校注），巴蜀书社2007年版。

13：元代侯有造《孝烈将军祠像辩正记》。

14：清康熙五年《黄陂县志》，杨为县令。

15：又名《忠孝勇烈奇女传》或《忠孝勇烈木兰传》。

16：黄锂：《黄陂木兰文化又有新发现》，《长江日报》，2002年4月1日。

二、传承特征

千百年来，“木兰传说”之所以被打造为我国最古老的经典传说之一，就在于历代传承的过程中，不断地补充与创新，形成了蔚为大观的传承方式。

作为木兰故里黄陂，正是民间的自发行动与官方的持续推动，使“木兰传说”通过各种形式历代相承，才使有关木兰的遗址、遗迹、地名、物名、灯会、庙会等流传至今。在实物载体方面，仅遗址遗迹就有：木兰故居——大城潭村、木兰县故址、木兰山、木兰乡、木兰川、木兰池（现扩充为木兰湖）、木兰潭、木兰井、木兰仙河、木兰古寨、木兰墓、木兰石碑、木兰祠、木兰宫、木兰寺、木兰庙、木兰殿、木兰牌坊、祈嗣顶、玉皇阁、承欢祠、木兰树、棋盘石、舍身崖、眼泪垱等二十多处。

在黄陂北部的木兰生态旅游区，以木兰山为中心的900多平方公里的范围内，形成了一片独具魅力的木兰文化遗存分布区。这些遗址遗迹种类繁多，各具特色：有的与木兰的出世有关，如祈嗣顶；有的是她生长生活的地方，如大城潭村（旧称双龙镇）；有的是她不朽英灵的安息地，如木兰墓；有些是历朝历代为纪念弘扬她而建的

木兰古门石景

木兰山牌坊

庙宇坊祠，如木兰牌坊、木兰祠、木兰庙、木兰殿、木兰寺、木兰宫等。另有后世朝廷为褒扬她的盖世业绩以其名设置行政区域的治所所在，如木兰县故址；还有一些相传因她的故事演义形成的独特自然景观，如木兰山的舍身崖、棋盘石、眼泪垱等。对这些遗址遗迹，当地人都耳濡目染、耳熟能详，且能目及所指、娓娓可道。尤其是历史上的文献志书记载颇详，有的甚至可以按图索骥。如《新唐书·地理志》记："黄冈上，武德三年省木兰县入焉。又析置堡城县，七年省。有木兰山。"明代《焦氏笔乘》云："木兰，朱氏女子，代父从征。今黄州黄陂县北七十里，即隋木兰县。有木兰山、将军冢、忠烈庙，足以补《乐府解题》之阙。"清康熙、雍正时期的文献大典《古今图书集成》，对于黄陂木兰遗存地理方位记载得更加清楚，如"木兰川，在县东北六十里"；"木兰山，在县北六十里"；"木兰井，在西郊外"等等。

这些文化遗存大都集中于荆楚名山木兰山，并保存完好。其实，木兰山最初不叫木兰山，先后称其为建明山、牛头山与青狮岭。相传山北面十华里的大城潭村是巾帼木兰的故里，且历史上曾两度在此设置木兰县。山北坡有木兰墓和木兰庙，山上还有木兰牌坊、木兰殿、祠嗣顶等众多与木兰相关的胜迹。加之历代名人雅士在此咏叹木兰，堪称是中华大地上积淀最为丰厚、体量最为巨大的木兰文化独特的传承载体。

木兰山山体雄峻，独秀群峦，如树巾帼木兰之巍巍丰碑。正如明代诗人徐承颐所吟："未有木兰先有山，山名偏借木兰补。木兰与山名俱存，山并木兰争万古。"中共中央主席毛泽东，也曾在《中国农村社会主义高潮（序言）》中说："湖北黄陂有个木兰山”。

与此同时，在每一个遗址遗迹背后，都有一段娓娓动人的传说，一个又一个精美绝伦的神奇故事。

梳理千年流传的“木兰传说”的传承方式，概括起来大抵包括史料传承、文学传承、艺术传承、口头传承、会节传承、社会传承、旅游传承与艺人传承等八大典型特征。

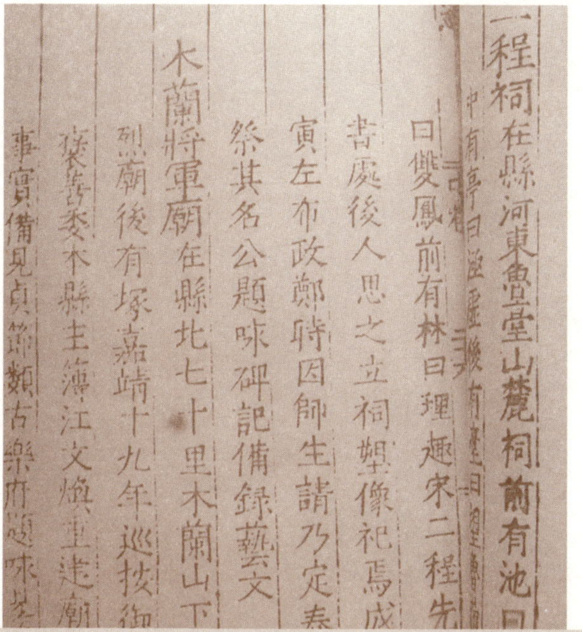
二程祠在縣河東魯臺山麓祠前有池曰
曰雙鳳前有林曰理趣宋二程先
書處後人思之立祠塑像祀焉成
寅左布政鄭時因師生請乃定春
祭其名公題咏碑記備録藝文
木蘭將軍廟在縣北七十里木蘭山下
烈廟後有塚嘉靖十九年巡按御
本縣主簿江文煥重建廟
事實備見貞節類古樂府題咏

明嘉靖三十五年《黄陂县志·木兰将军庙》

2.1 史料传承

木兰传说虽然官方正史鲜有记载，但历代的类书、史志、传记、笔乘等，却描述得绘声绘色，且记载的内容十分丰富，形式多种多样。

追溯古往今来的木兰史料，迄今发现，早在三国时期的东吴学者姚奎就在《木兰歌》引文中提及。文中说：“孝女木兰，父名应汉文帝时，单于侵境，大括民兵，女父与焉。父叹曰：‘恨不生儿’。乃自从戎。孝女感奋，即于闺中洗铅华，脱簪珥，变戎衣，跨鞍执锐，代父行役，一往十有二稔……”

到了南北朝，萧子显在《南齐·州郡志》写道，安蛮左郡辖“木兰、新化、怀、中聂阳、南聂阳、安蛮”诸县，其中首县“木兰”。县治的地望经考证，即今黄陂北部姚集街道大城潭村。

在唐代，由一代名相魏征主编的《隋书·地理志》明确记载：“木兰……开皇初别置廉城县……十八年改县曰木兰。”其县治地望经考证，与南齐所设木兰县为同一地点，为复设性质。李冗的《独异志》亦云：“古有女木兰者，代其父从征，身备戎装，凡十二年，同伙之卒不知其是女儿身。”该书所列奇人异事，依时代顺序的先后排列，且作者将木兰置于汉代人物之中。

宋代曾公亮主编，宋祁、欧阳修主撰的《新唐书·地理志》指出：“黄冈上，武德三年省木兰县入焉，又析置堡城县，七年省，有木兰山。”与湖北黄陂的相关史料完全吻合。乐史的《太平寰宇记》也记述：“木兰山在（黄冈）县西一百二十里，旧废县，取此山为名，今有庙，在木兰乡。”其所述地名均与黄陂相关旧址地望相符。王象之《舆地纪胜》记载黄陂北有木兰山、木兰庙，并谓此木兰“即古乐府所载女子

木兰将军庙里的木雕

诈为男夫代父征行者也”。程大昌在《演繁露》中云：“观杜牧此诗（指在黄陂木兰山所写《题木兰庙》一诗），既有庙貌，又曾作女郎，则诚有其人矣，异哉！”何溪汶在《竹庄诗话》中称：“木兰古词，不知年代，皆附于汉。”

在元代，河北省完县孝烈将军庙之达世安所撰写碑文《汉孝烈将军记》，全面简要地记述了木兰女扮男装、代父从军及凯旋归来、皇帝封赏的过程。内容完整，记叙生动，有较高的史料价值。碑文云：

……汉文帝时，单于侵境，大括天下民以御，神父当行戍。父极痛无一男子可代己者，哀叹良久，竟行。神自闺中悯其父老，即洗铅粉，脱梳珥，变戎服，惯甲胄，趋赴军中，搴旗斩将，攻城略地，所向辄克捷，莫有当其锋者。在军凡十二年，屡立殊勋，论功上首，辞弗受赏，愿归乡里，奉事父母，文帝嘉焉，特从其志。

汉世尝作《木兰词》，阐扬于前；唐杜牧之亦歌其事，发挥于后。至今亳州犹有庙貌如社者存焉。千载之上，不能启其端，千载之下，不能方其武。彼三代诸列不足俦也。司马迁作《史记》而泯其实，班孟坚撰《汉书》亦乏其传。自唐始赠孝烈将军。

祠在完州城东门外，历五季、宋、金，虽迭有威灵传世，绵远莫之悉考。逮我元朝，在境士民，岁时致祭，有祷必响，雨旸时若，阖境翕然。州之义士贾士贞等,深感神庇佑之惠，愿立贞珉，以记其实。来请于河南达世安。余既嘉神之烈，又感郡人之敬，特为之文，弗敢辞也。

昔鲁女杀己子而全兄孤，曹娥捐己身以雪父冤。此特一家之孝，一介之义，古今犹为崇封大飨，况神能于国平大敌，于民御大患，灼然忠孝，赫然威灵，传之金石，接之耳目，如星日丽天，如水皇行地，无所往而无不应，岂若区区山林里域之神，不可越封逾境而著灵乎？

间有弗之信从者，神辄示以景况于其人，无不胆掉心落，甘心悦服，愈加肃敬，十倍于人。至若鬼神附丽之地，蛇豕屈蟠之所，皆得受约束，严规诲，役身相从，退舍相避，惟恐后时。故邦人奉事愈谨，不少懈怠。岁以首夏上旬，州人相率敬致粢牲，陈列庭前。是日也，天气澄朗，人情愈悦，四方之来游观者，云屯雾集，踵骈袂络，盖不数也。

祠距城不百步,俯视曲逆之水,泗洑走东；远望蒲阳之景，委蛇拱北；西接伊祁之峰，翠光欲滴；南临望都之山，岚气可掬。马耳偃伏于左，大嵬错立于前，如鸟飞兽走，腾踊自献。至于云气歘作，交相掩映，直若神鬼效灵，千态万貌，不可穷记。非神之烈妥于民，天必不以此景畀神，而人亦岂能强为之乎？

当风颓俗薄之余，境无惊风饕雨，民绝夭庞者，神之相民之福也。子孝而父，弟友而兄，凡食土之毛，悉心竭力，以事其上者，神之教民之幸也。其为完人之福，庸有既乎？又系之以歌，歌曰：

衣被完人兮凡几千秋，
威灵日妥兮神德曰庥，
叱风御雨兮时驾苍虬，
与娲并驱兮气吞九州，
山泽充斥兮兽蟹丰足，
仓廪盈溢兮禾稼稔熟，
瓦鳞鳞兮列屋，
民熙熙兮鼓腹，
年得书大有兮，惟神其相之。

至顺三年四月吉日，杜思明、花庭秀、张藏用、贾士贞立石。

民间编纂的《烈女传》亦云：“天子嘉其功，除尚书不受，恳奏省亲，乃命军士卫至其家。释戎服而服巾帼，同来者皆大惊骇。军士还奏，帝召赴阙，欲纳之宫。对曰：‘臣无媲君之礼。’以死拒之。帝惊悯，赠将

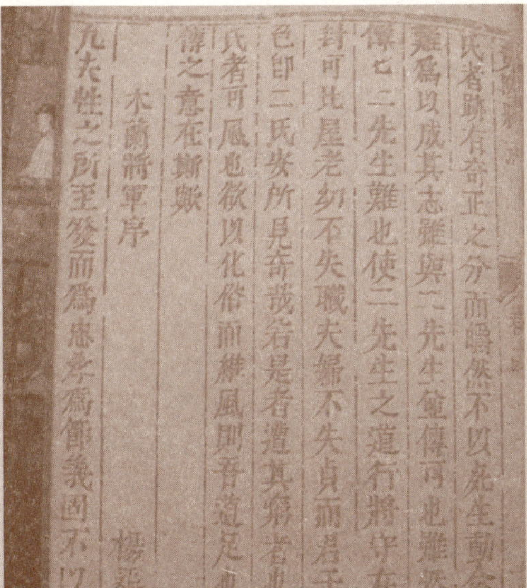
氏者跡有奇正之分而皭然不以死生動念獨其所
難爲以成其志雖與二先生並傳可也雖然二氏
傳亡二先生難也使二先生之道行將守在四鄰而
封可比屋老幼不失職夫婦不失貞而君子不
色即二氏安所見奇哉若是者遭其窮者也是故二
氏者可風也欲以化俗而維風則吾道足也先生
傳之意在斯歟
木蘭將軍序
楊廷蘊
凡夫性之所至發而爲忠孝爲節義固不以男女

《木兰传》序 杨廷蕴，康熙五年县令

军‘孝烈’。”

在明代，学者王雱撰述的《木兰将军传》，记述了黄陂木兰将军不凡的一生和黄陂木兰山绮丽的风景。景事互映，语言洗练。同一时代的《木兰古传》亦曰“木兰将军黄郡西陵（黄陂古称）人也”。学者屠达则在《登木兰山记》中写道：“木兰忠孝，为古今第一奇女子，而史册不载，尝称怪焉。今名木兰，即其故里遗冢宛然。”“木兰为西陵最胜，盖三楚之极观。”明弘治年间，卢希哲主纂的《黄州府志·黄陂》也明确记述道：“黄陂县：木兰山在治北七十里，有木兰将军墓在此山，故名。隋以此名木兰县。”

到了清代，官、学、民的相关记载，内容丰富，异彩纷呈，而且类书的层级登峰造极——皇帝“钦定”。如由康熙与雍正皇帝批准，陈梦雷主编、蒋廷锡再编的大型类书《古今图书集成》，将关于木兰的诗、文、事都置于黄陂的条目里。诗有陈浩策的《木兰诗》、杜牧的《题木兰庙》；文有闻政的《游木兰山记》；事有“木兰山，在县北六十里”、“木兰川，在县东北六十里”、“木兰井，在西郊外”等。反映了当时从官方到民间的广泛认可和学界人士的一致支持。康熙五年，黄陂县令杨廷蕴在《木兰将军序》中云，“木兰本末近莅西陵”。顾祖禹《读史方舆纪要》对木兰山的方位清楚记载：“黄陂县……木兰山，县北七十里。”刘昌绪重修、徐瀛总辑的清同治版本《黄陂县志》之卷七《木兰志》，收录了关于木兰的诗文20篇，是关于木兰事迹史料的一次里程碑式的汇编。民国年间颇有影响的《东方杂志》，在1925年1月至1926年6月间，刊发了徐中舒、姚大荣《木兰从军时地考》等几篇考证木兰事迹的论文，曾在二十世纪初掀起一阵木兰热，部分内容涉及黄陂的史料。

木兰女扮男装练长枪

在当代，由著名史学家范文澜主编的《中国通史》中称，“可能有一个女儿曾代老父从过一次军，这自然是非常动人的奇迹，民间歌颂这个英雄女儿”，把《木兰诗》“逐渐扩充成大篇，修改成精品……这首诗的内容是真实的”。由国家地图出版社出版、谭其骧主编的《中国历史地图集》，将南齐和隋代所置木兰县县治，均标在距今黄陂北部七十华里的滠水东岸，与相传的木兰故居大城潭村地望相吻合。由皮明庥主编，刘玉堂、涂文学为副主编的《武汉通史》第四章第六节《黄陂木兰山和木兰文化》，叙述了木兰文化、木兰身世、年代、故里、木兰故事、木兰庙会等内容，并指出“木兰文化是以黄陂木兰山为中心的一种地区文化”。皮明庥主编的《简明武汉史》第四章记述：“黄陂木兰山地区则出现了一位名扬千古的巾帼英雄——木兰。尽管木兰出身故里在何处有六种说法，但黄陂作为木兰故里根据最为充分。……千百年来，世世代代黄陂人怀念木兰，崇仰木兰，弘扬木兰文化。今天黄陂木兰山已发展成为武汉的旅游胜地。”涂文学主编的《武汉史话丛书·黄陂史话》第三章“木兰将军传奇及其他”中分为“毛泽东主席说：‘黄陂县有个木兰山’；花木兰其人其事；木兰山与亮子会；源远流长的木兰文化”四节，全方位叙述了黄陂木兰的事、文、址等内容。刘玉堂、刘保昌在《三型木兰说》指出：“事实上，关于木兰的故事，存在着三种形态的‘版本’；一是历史上的木兰故事，凸显其‘真’；二是文艺作品中的木兰故事，凸显其‘美’；三是民众心目中的木兰故事，凸其‘善’。”涂文学在《木兰故里觅英魂》中，感叹“山以木兰将军而增色，地以木兰将军而钟秀”。

刘庆平主编的《武汉文博》2000年第2期载《木兰花开万古香——中国武汉第二届木兰文化节研讨会综述》，全面综合了史家章开沅、皮明庥、刘玉堂、涂文学、郑自来、刘庆平等人的观点,得出的结论是:“其他几处所谓木兰故里关于木兰的凭据皆为孤证,与此形成鲜明对比的是,黄陂证据的数量多、质量高、逻辑性强,且证据的时代早、种类丰富,为其他几处所无法比拟。”还载有黄锂《木兰文化初探》。文中云：“木兰文化是深植中国民族沃壤的一种以‘家国情怀’为核心的‘道德型’文化。它的这种特性在发端时就已具备；在形成过程中得到充实并发育成熟；它内质健朗，表现形式多样，文化内涵常释常新；在改革开放的新时期，它幸获空前的发展机遇,并被开掘成一种独异的文化资源；与当代社会有诸多积极意义的结合面,是我们要探其旨义和大力弘扬的重要原因和基本前提。”

2009年6月，裴高才、王凤霞编著的文化史书《无陂不成镇》，将《花木兰与木兰文化》列为“无陂不成镇”的九大文化特征之一。该书在台湾首发与研讨，受到两岸三地的广泛关注。而罗向阳主编的《黄陂名片》，将《木兰传说》列为黄陂四大文化名片之一。

此外，还有一批论文如《武汉黄陂的三大传统文化资源综合考察》、《木兰故里在武汉黄陂》、《古巾帼木兰将军考》、《花木兰将军三考》、《木兰文化初探》、《黄陂木兰山考论》、《探寻黄陂木兰古县》、《千秋木兰家国情》等发表在国家级和省市报刊上。近年，专家学者还在黄陂召开了多次“木兰文化研讨会”，在前人已有的研究成果和史料收集的基础上，对木兰是否实有其人、木兰的生存时代和故里究竟何处等学术课题，进行全面梳理和深入探讨；对木兰文化的界定、特质和特征等方面，也作了全新阐释和论证。上述工作有助于我们拨开层层历史迷雾，看到历史深处的一个真实木兰形象。

论著《人文黄陂——关于武汉市黄陂区三大传统文化资源的综合考察》、《千古名岳木兰山》，论文集《穿越时空的震撼——木兰文化研究论文集》等。中共黄陂区委、黄陂区人民政府已发红头文件，是以《人文黄陂》丛书的名义编撰发掘黄陂优秀灿烂人文资源的系列著作，由武汉出版社出版。前述三种是关于木兰或涉及木兰内容的几本专著，它全面整合了黄陂木兰文化史料，成为在新时期系统整理阐释和提炼概括木兰内涵的大手笔制作。另有武汉大学教授赵冰所撰专著《天·地·人——木兰生态旅游区总体规划》（武汉出版社），思路独创新颖，且指导性、实用性、操作性较强。

2.2 文学传承

中国文学是一个大拼盘，里面有各种不同的花色，蕴含着无穷的宝藏。“木兰传说”就是这个拼盘里的一朵奇葩。“木兰传说”之所以能历久弥新，文学传承功不可没。我们可从历代的诗词歌赋、散文、小说、报告文学、故事、画册中，信手拈来。

首先，在唐代大诗人白居易的《戏题木兰花》广为传颂。诗云：“紫房日照胭脂拆，素艳风吹腻粉开。怪得独饶粉脂态，木兰曾作女郎来。”此诗从古至今，在黄陂广为流传。其所指木兰花，疑即黄陂木兰山上之木兰花。而晚唐大诗人杜牧于唐武宗会昌三年时任黄州刺史时，畅游黄陂木兰山时所作的《题木兰庙》绝句：“弯弓征战作男儿，梦里曾经与画眉。几度思归还把酒，拂云堆上祝明妃。”更是流芳百世。这是目前所知全国咏叹木兰的诗篇里，有明确的作者、时间与地点的作品中，创作时代最早的一首，并成为千古传颂的名篇。

其次，宋代诗人、淳佑年间工部尚书兼侍读刘克庄诗：“出塞男儿面，归来女子身。尚能降北虏，断不慕东邻。”此诗载于清《古今图书集成》黄陂条目中。

再次，明代诗人徐承颐的“未有木兰先有山，山名偏借木兰补。木兰与山名俱存，山并木兰争万古”。此诗乃明代诗人探求木兰其人与木兰山名之因果绝作，颇为隽永。明代辽东巡抚张涛撰写的《木兰将军歌》，载清同治版《黄陂县志》卷七下《木兰志》。此诗以韵文的形式，赞美了木兰事迹和木兰山的壮美。明代江左宜兴人陈天策，在《游木兰山记》中写道：“……今古墓俨然，山麓里人岁操壶酒豚蹄以奠，其为故里，复奚疑哉。”

杂剧《雌木兰》的全名为《雌木兰替父从军》，是明代著名戏剧家徐渭所编《四声猿》中的第三个剧目。正是在《雌木兰》中，木兰开始有了一个“花”的姓氏，名“花木兰”。全剧共两幕：第一幕写出征，第二幕写征战和还家成亲。在第一幕开头，木兰亮相时就说道：“妾身姓花名木兰……”专家们考证，花木兰由木兰花转传而来。黄陂木兰山上自古就有娇艳夺目的木兰花。《黄陂史话》记，木兰小名唤“花姑”，因而花木兰的来历与木兰山之木兰花不无关系。

明代手抄本小说《木兰古传》，虽然不知作者姓什名谁，但其原文收录在清代同治年间《黄陂县志》之《木兰志》里。书中写道："木兰将军，黄郡西陵（黄陂古时曾一度称西陵）人也，姓朱、父寿甫，母赵氏，无子，祷于建明山（即木兰山）。赵氏梦山神抱一女入室，……遂有娠，如期生女，是为木兰"。

又次，清朝乾隆皇帝南巡途中的即兴所作《木兰祠》云："克敌垂成不受勋，凛然巾帼是将军。一般过客留吟句，绝胜钱塘苏小坟。"题中所指木兰祠，也许是指黄陂木兰山上曾建造之木兰祠。

在历代流传有关木兰的小说中，清代可谓内容最为丰富，流传甚广。其中光绪四年版的《木兰奇女传》，又名《忠孝勇烈奇女传》或《忠孝勇烈木兰传》，目前发现共有七个版本传世。著名小说史家孙楷第，在《中国通俗小说书目》卷二《明清讲史部》中记载："《忠孝勇烈奇女传》四卷三十二回。存清光绪四年道生堂刊本、光绪癸巳（十九年）品文堂刊本与积善堂刊本。清无名氏撰。演木兰事。"1992年出版的点校本，是以北京师范大学图书馆藏京都养真仙苑藏版本为底本。书中有关木兰家世与行状，家乡地理形胜与山川风物的描写，均与今武汉市黄陂区木兰山及周围的方志记载如出一辙。

清代的散文，如张安庆在《承欢祠记》中写道："……余讲约之木兰山山中小住

木兰山北的木兰将军墓

数日，偶登高峰，见山南里许层峦翠嶂，从若列屏，然墙隐隐露下焉。士人告余曰：'此祈嗣顶也，即木兰将军父当日祈嗣处也'。"

清代流传下来的说唱本《木兰宝传》，今见版本封面上有"民国甲子春重镌刻林尚辉刊"字样。《木兰宝传》与《木兰奇女传》内容基本相同，但体裁不同。《木兰宝传》一段散文一段韵文，表达的是宗教色彩比较浓的木兰传说。黄陂民间有流传的手抄本。

明清以来的地方志书《湖北通志》、《黄州府志》、《黄陂县志》等，都辑录关于木兰的诗文。清同治本《黄陂县志》卷七专辟《木兰志》，收录当时所能见到的关于木兰的诗歌、散文、史料达二十余篇。

最后，当代吟咏木兰者，可谓名家众多，蔚为大观。著名诗人，曾任中国作家协会书记处书记、《诗刊》主编臧克家《题木兰山》曰：

昔读木兰辞，今闻木兰山。
山经人名噪，人以山代传。

著名爱国学者、思想家、史学家胡秋原，早年生长在木兰故里，晚年在《忆木兰山》一律中，对木兰山、木兰殿（"女神祠"）描绘得惟妙惟肖。诗云：

自古地灵人杰出，千秋传颂木兰诗。
奇峰耸立如锋剑，巨石嶙峋似卧狮。
朝磬声回诸圣殿，晚霞光照女神祠。
荆门远望云山外，铁甲琵琶若个奇。

世界华人资料中心前主席、著名"玫瑰诗人"彭邦桢于1987年畅游木兰山，他吟咏并手书了《题木兰山》一诗，还被许竹茂先生谱曲，声噪海内外。诗云：

清风鸣翠竹，云淡拢青山；
万壑歌流水，啸天花木兰。

著名诗人王士毅的《木兰湖赋》、《木兰古门赋》，名动荆楚。诗人罗向阳编著的《木兰湖诗词集》，收录了全国各地和海外咏叹黄陂木兰湖的诗词数百首。舒炼的《木兰山赋》与《木兰山组歌》在全国传唱。

著名作家董宏猷的散文《相约木兰》曰："莽莽神州大地，巍巍名山大川，以人名为山名的，似乎并不多见，我所知道的，只有神农架和木兰山，而这两座名山，竟然都在湖北境内。"胡建奇的散文《美哉，木兰山》云："'山不在高，有仙则名。'木兰山芳名远扬，与脍炙人口的'木兰将军'的故事有着很深的渊源。"裴高才的散文《"台湾脚"重上木兰山》名传海峡两岸，其《木兰饮马木兰湖》收入由中国地图出版社出版的《湖北的湖》一书，海内外媒体竞相转载。

各类题材的文学专著、传说、故事集、散文集、诗集、连环画还有《芳林美韵·花木兰》（中国言实出版社）、《无陂不成镇·花木兰与木兰文化》（长江出版社）、"神奇的木兰系列"丛书（中国文联出版社）、《花木兰传奇（小说）》（武汉出版社）、《花木兰传奇（连环画）》（湖北少年儿童出版社）、《花木兰》

（解放军文艺出版社）、《木兰山、湖和将军们的传说》（湖北人民出版社）、《木兰烽火》（中国文史出版社）、《神奇的木兰山》（广西人民出版社）、《木兰古门》（中国文联出版社）、《木兰生态旅游区》（中共黄陂区委、黄陂区人民政府编印）、《木兰山》（“修木兰胜景、扬木兰精神”社会赞助活动委员会编印）、《木兰诗词》（武汉市黄陂区诗词学会编印）、《革命圣地、红色苏区——木兰生态旅游区革命遗迹寻踪》（武汉党史）、《灵山秀水醉木兰——神奇内秀的木兰生态旅游区揽胜》（武汉文史资料）、《灵山秀水孕英雄》、《双龙镇史话》、《木兰山诗词集》、《木兰湖诗词集》等等。近些年，黄陂人编撰了大量有关木兰的文艺书籍，有的还被列入湖北省青少年爱国主义教育读物，为木兰文化的传扬和木兰精神的光大起到了积极推动作用。

关于木兰的邮册《木兰从军》，由国家邮政总局于2000年在黄陂木兰湖首发后，影响广泛。《木兰从军》邮票分纺织、从军、征战和还乡共4枚。设计者巧妙地将整篇《木兰辞》收入画面，使之图文并茂，相得益彰。为强调民族特征，还借用了民间剪纸和皮影的表现形式，达到了简约凝练又蕴涵儒雅灵秀的艺术效果。另有邮政明信片《木兰湖》等由湖北邮政局发行。

有些关于木兰的画册，图文并茂。诸如《木兰生态旅游区》、《游遍木兰》、

木兰山道观

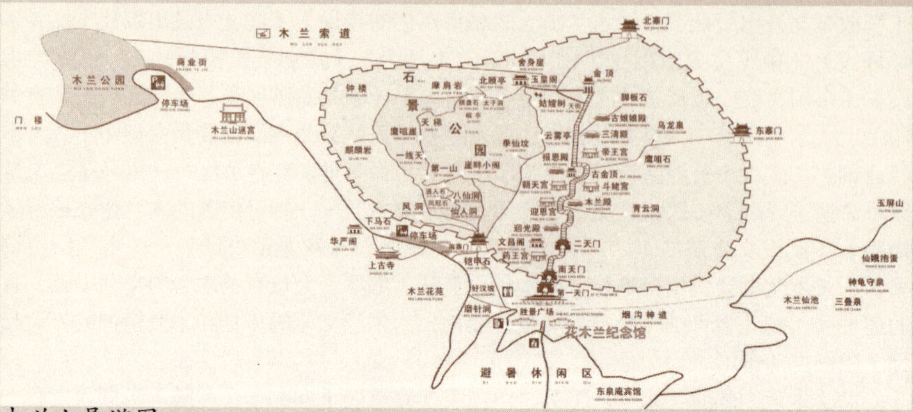

木兰山导游图

《木兰故里黄陂游》、《荆楚名岳木兰山》、《木兰天池》、《木兰古门》、《木兰清凉寨》、《江城明珠——黄陂》等画册里，也有相当分量的木兰生态旅游区的内容。这些画册追求人文资源与自然资源的相衔接，颇具视觉冲击力，是灵山秀水孕木兰的直观真实写照。

2.3 艺术传承

中国传统艺术独具特色，其艺术表现形式多种多样。《木兰传说》就是通过人们喜闻乐见的形式，一代一代地传承下来的。

黄陂自古是艺术之乡。即“楚剧之乡”，“泥塑之乡”，“湖北大鼓之乡”等方式。《木兰传说》在湖北、黄陂就是通过楚剧、大鼓、书法、雕塑、剪纸、歌舞、电影、电视等异彩纷呈的传承方式，流传、推广开来的。诸如大型音舞诗画《木兰山组歌》、新编大型楚剧《少年花木兰》、影视剧《花木兰》、52集动画片《木兰花开》、电影《烽火木兰山》等，拓宽了木兰传说的渗透面与展开面，丰富了木兰传说的表达层次。

在所有关于木兰的戏剧曲目中，楚剧独具魅力。楚剧，旧称“黄孝花鼓”或“西路花鼓”。在清代中叶，由湖北黄陂、孝感一带的民间艺人，将高跷故事与玩灯节目演绎成一种简易的小生、小丑、小旦的“三小”土戏，搬上民间舞台，从而形成了一种民众喜闻乐见的地方剧种。

楚剧的形成与地域息息相关。黄陂、孝感地处鄂东北，这里曾被称之为“吴头楚尾”，既界近中原地区，又以长江为西上东下之出入孔道。南朝的吴声、西曲和明清民歌时调先传到此地，再由此地流传南北。所以，鄂东北民间音乐非常丰富，如畈腔、栽田锣鼓、推草锣鼓等。早在北宋，苏东坡就谈到过鸡鸣歌，即今田歌。他说：“黄人二三月皆辟聚讴歌，其词固不可分，而其音亦不中律吕，但宛转其声，往返高下，如鸡唱耳。”楚调就是在鄂东北民间歌舞音乐的滋润下，逐步生发成长起来的。而且楚调在鄂东北各县，同各县方音结合，形成同源而调异的地方声腔，所谓“锣鼓不出乡，各是各的腔”。如鄂东黄梅的黄梅戏，黄梅、广济的文曲戏；麻城、黄安、黄冈、英山、罗田一带东路花鼓戏，鄂北应山的北路花鼓戏，黄陂、孝感的西路花鼓戏等。

同时，花鼓戏也是清代末叶流行于湖北、湖南，以及安徽、江西、河南等省的各种花鼓戏剧种的统称。两湖的花鼓戏除黄孝花鼓戏(西路花鼓)、东路花鼓戏外，还有荆州花鼓戏、远安花鼓戏、兴国花鼓戏、长沙花鼓戏、衡阳花鼓戏、岳阳花鼓戏、常德花鼓戏、邵阳花鼓戏等，各因地域而得名。

花鼓戏之所以盛行于清代，与当时两湖及皖、赣、豫等省人口密集、经济丰裕、城镇发达的地域特色有很大关系。稳定而相对富足的社会生活使闲暇成为可能，于是发育了农业社会的娱乐形式——民间戏曲。

1926年，国民革命军北伐攻克武昌，武汉成了国民政府所在地。湖北剧学总会委员长傅心一响应总工会号召，组织武汉艺人配合北伐开展文化宣传活动。参加学会的也有黄陂花鼓戏名角代表王若愚、陶古鹏等。当时政府竟把黄陂花鼓戏划属“花部”(妓女行业)进行登记，李百川、王若愚、陶古鹏等楚剧名角，忍无可忍，立即找

木兰山门楼

傅心一诉苦："把我们艺人打到妓女行业登记，你说这该多丑！"

"真是岂有此理！"傅心一听后，也义愤填膺。不过，他稍停片刻，突然计上心来，说："你刚才说'丑'提醒了我，花鼓戏中不是也有'小丑'吗？我们不妨将'丑'就'楚'(丑)，把黄孝花鼓就叫楚剧，如何？因为惟楚有才，昔年汉剧也叫楚调嘛。"经傅这么一说，大家连声称好。

1926年8月4日剧学总会开会时，傅心一正式提出，黄陂花鼓戏进化社应该定一个剧种的名字才好登记。他说，昔年楚国首都在湖北，称湖北为"楚"，历代众人口碑"惟楚有才"，黄陂花鼓戏叫"楚剧"比较好。总会采纳了他的建议，从此"楚剧"正式命名，影响不断扩大。从黄陂走出的美国世界诗人资料中心主席彭邦桢，1930年代曾为楚剧（当时民间仍习惯称"花鼓戏"）戏班作一幅嵌字联。联云："花貌足倾城，纵云寻乐一为甚；鼓声能作气，孰谓重敲再必衰？"

"木兰传说"就是经过楚剧这一民间喜闻乐见的表演形式，通过《木兰从军》等传统剧目历代相传，广为传播的。如今，由武汉市戏曲艺术研究中心和黄陂区楚剧团等编排演出的《少年花木兰》，别有风味。它选取木兰出征前的一段生活经历，视角独特，地方味道浓烈，木兰山等背景资源，峥嵘隽秀，令人神往，音响配器充分考虑到传统与现代的衔接与融合，体现了木兰精神常释常新的持久魅力。该剧于2005年创作排演，已在湖北省内及北京人民大会堂多次演出并获奖，中央电视台戏曲部还专门录制、播放。

在黄陂的艺术雕塑中，以木兰为题材的艺术作品和工艺制品很多。尤其是木兰戎装弯弓骑马和木兰戎装立像、木兰戎装坐像的雕塑最为有名，时至当代，也吸引过世界的眼球。

泥塑艺术是中华民间艺术的瑰宝。在明清时期，继著名的天津"泥人张"和无锡的惠山泥人走出国门之后，为越来越多的国家和人民所接受与喜爱。而黄陂泥塑艺人最早就是通过雕塑菩萨像与木兰将军像，在庙堂声名鹊起的。

据明清《黄陂县志》记载，闻名于世的汉阳归元寺五百罗汉，于清道光、光绪年间两次塑修，就是今黄陂李集街道泡桐社区王煜父子的杰作。据传说，五百罗汉中，第四百三十尊和第五百尊即为王氏父子面目的自塑像，父像一手擎日，子像一手托月。

清代泡桐五显庙泥塑艺人官志武，继承了先人的传统工艺，曾在湖北武当山、木兰山以及河南鸡公山、洛阳白马寺，雕塑了许多大佛像与木兰将军像。在洛阳时，由于痛恨清政府黑暗统治、压榨盘剥，加上在当地收留的忘恩负义的徒弟的迫害，使他发誓不再从事此行，遂抛下塑刀，回乡务农，后病死于黄陂，终年72岁。

民国时期，各湾村建庙，修泥菩萨风行一时。泡桐泥塑艺人后裔继承了用木雕、泥塑、油漆制作佛像、装修神龛、殿堂绘画等，创作了大量作品。民国二十四年《武汉日报》载：黄陂西乡农民马启贵带自制泥塑作品20余种到武汉销售，观者赞不绝口。新中国成立后，泥塑传统工艺开始走向现实、贴近生活。

1968年，武汉市曾举办“黄陂农民泥塑展览”和《收租院》大型群塑展，参观者达百万人次。1974年，在湖北省的美术作品（草图）观摩展上，著名书画家冯今松由两件黄陂县选送的农民泥塑小稿受到启发：既然户县的农民画能得到推广，为何黄陂农民泥塑不能推陈出新呢？于是，他深入到黄陂基层，与当地民间艺人一道，经过五年的呕心沥血，终于重整黄陂农民泥塑雄风。连全国美术界领导人华君武、王朝闻、刘开渠等都亲临黄陂，参观指导，并决定开全国现场会，调京展出。结果，不仅黄陂泥塑一鸣惊人，而且培养了诸如傅中望、项金国、陈育村等一批优秀雕塑家。接着，黄陂泡桐组建泥塑队，以社队文化室为阵地，以民间泥塑艺人为骨干，推广泥塑宣传培训。当时村村都有泥塑宣传陈列室，户户都有泥塑像，成为名符其实的泥塑之乡。

1979年，黄陂创办黄陂县泥塑厂，开始生产奔马、飞鹰、木兰将军人物像等重点产品，泥塑艺术品转为商品进入市场。当时的泥塑厂占地面积达7600平方米，建筑面积5500平方米，有职工250人，年产量达400万件。产品行销29个省市区，远销亚、欧、美等17个国家。黄陂泥塑艺人的精湛手艺，曾享有“泥塑照相机”美誉。

1982年，新西兰著名政治活动家路易艾黎参观黄陂泥塑厂后，要求塑一个半身像。一位泡桐艺人，现场仔细端详，手托泥坯揉捏，仅40分钟，就塑制出了一尊形象

木兰山的木兰殿里之木兰将军塑像

木兰山的木兰文化城里陈列的《木兰诗》

逼真的半身像。1983年，路易艾黎带来了摄影师，摄制了《中国黄陂泥塑》电视纪录片。此后，来自美国、日本、加拿大、英国等国家的国际友人，带着对黄陂泥塑的神奇向往，相继造访泡桐这个中国内陆小镇。1985年，中央新闻电影制片厂到泡桐摄制了《中国黄陂泥塑》大型纪录片。

1993年，由国家旅游局牵头，会同轻工部、商业部、纺织部等部门，在全国选出一些生产旅游商品厂家，作为全国旅游商品的定点生产企业，重点给予扶持。黄陂泥塑厂从513个候选厂家中脱颖而出，成为首批“全国旅游商品定点生产企业”。

作为乡镇企业，黄陂泥塑厂改制后虽然关闭了，但该厂培养出来的200多名身怀绝技的艺人，开始以不同形式，将泥塑工艺传遍四方。

在泥塑之乡的熏陶和培养下，泥塑艺人似火种一样，将黄陂泥塑在更广阔的天地里发扬光大。一部分艺人还在黄陂、武汉办起了80余家个体泥塑模具厂。这些小民营企业的产品行销各地，走向海外。更多的艺人被聘请到浙江、江苏、福建、广东等地，在传统泥塑膏型工艺技术的基础上，向水泥、玻璃钢、铜塑发展。在这些企业中，注册资金在千万元以上的比比皆是，资产过亿的也不在少数。近十年的时间里，走出泥塑之乡泡桐的艺人们，培养了一批又一批的传人。曾经的“下九流”手艺，如今制作出精美的房屋石膏装饰、绘画浮雕、大型雕塑，装点着一座座楼宇和崛起的城市。有关人士估算，以黄陂泡桐艺人为技术核心支撑起来的数家雕塑、建材企业，有着不下200亿的资产。

如今，由黄陂泥塑传人、泡桐“泥人王”公司王启新领衔雕塑的有关木兰的塑像与工艺品，不仅木兰庙宇中都有供奉，而且是黄陂区域内各重要路口、风景点作为木兰故里的标志性装饰，也是黄陂赴外展出、展示活动时作为木兰故里的象征性形象标识。另外，在木兰山“木兰文化城”内，还有大型《木兰传奇》组画式浮雕38幅，内容连贯，构图宏大，动感极强。由著名雕塑家项金国、王启新等主创的木兰题材雕塑，以“木兰戎装弯弓骑射”和“木兰戎装站立”、“木兰戎装坐像”等形象最有代表性。这些雕塑在黄陂要口和景点都有放置，乃黄陂是木兰故里的标志物。

“木兰传说”在黄陂传承的第三种特色艺术形式是湖北大鼓。

湖北大鼓原称黄陂大鼓或黄孝大鼓，又称打鼓说书、打鼓京腔、说善书等，由北方的“犁铧音”演变而来。相传湖北大鼓源于清咸丰年间，是由河南光州流入湖北的一种北方鼓书。从师承关系来看，可追溯到清道光末年。当时北方犁铧大鼓艺人丁海洲（艺名丁铁板）由山东到武汉卖艺，传授给黄陂艺人黄玉山、孝感赵保亭、黄冈李世雅(今新洲)、胡少甫等 5个弟子。

鼓书艺人经过一段时间走南闯北的传唱，分为南路与北路两个流派。南路将北方语言改用当地方言黄陂话，将伴奏乐器大鼓改用小鼓，以木质云板取代铁质犁铧尖，遂逐渐形成了富有湖北地方特色的鼓书品种。艺人称之谓“南路鼓书”或黄孝大鼓。北路只流行在毗邻河南的大悟、应山地区，仍以北方语音演唱，使用大鼓、钢镰击节。1950年，经从黄陂走出的“湖北鼓王”王鸣乐倡议，始将“黄陂大鼓”改为“湖北大鼓”。

湖北大鼓是黄陂民间从古至今一直较为流行的说唱艺术，作为木兰故里的木兰传奇故事，当然也是说唱艺术的重要取材资源。除传统的段子外，像以木兰为榜样、体现当今年青人无私奉献的《木兰从军》、《木兰油站》等，可视作木兰精神基因在这片土地上新的传承。

《木兰传说》在黄陂传承的第四种特色艺术形式是雕花剪纸。

剪纸是中国最为流行的民间艺术之一。湖北雕花剪纸从南北朝始，经过了漫长的岁月，流传至今。黄陂剪纸从工艺制作特点来说，应是湖北武汉刻纸或湖北武汉雕花剪纸。它源远流长，孕育于精彩绝伦的楚文化沃土，承“镂金作胜”、“剪彩为人”之古荆民俗，造就了众多剪纸艺人。他们以刀剪代笔，剪刻并施，创造了湖北武汉雕花剪纸艺术。在当代，蒋在谱则是武汉雕花剪纸艺术推陈出新的奠基人。历任汉口雕剪花样职业公会主席、武汉市工艺美术研究室民间剪纸研究员。其作品先后在27个国家和地区巡展。享有“中国工艺美术大师”、“湖北美术名人”称号。

蒋家雕花剪纸史，可追溯到一百多年前的清朝光绪年间。蒋在谱的祖父蒋传德率全家从黄陂东乡凤凰山（今属王家河街道）迁至汉口，在利济路宝善堂一带做木版年画生意，兼营雕花样，如《秦琼、尉迟恭门神像》、《黎元洪攻打汉阳》、《大清国地图》等。

其实，黄陂自古就是木板年画与剪纸之乡。木板年画为民间画匠、雕刻匠、印刷匠纯手工工艺制品，作品产生于一匠多艺制作或多匠操作而成的简易家庭作坊。主要表现形式有门画、中堂画、连环画、吊屏画、屏风画、单幅画，有黑白、三彩、五彩套色不等，内容主要反映年历、民间故事、山川风貌、神仙佛像等。如《木兰从军》、《木兰山万古长新胜境图》、《二十四孝图》、《福禄寿喜图》等。

在家乡文化与祖传技艺的熏陶下，蒋在谱的父亲蒋芳康，用心揣摩，推陈出新，青出于蓝而胜于蓝。他于1919年在汉口新火路设蒋复泰剪纸作坊，经营木版年画和雕剪花样。因蒋家技艺高超，剪刻精细，其《木兰从军》尽管所售花样价格高于他人，但大家仍然争相购买，生意日益兴隆。

经过刻苦磨炼，蒋在谱的雕花剪纸技艺日益精进，很快崭露头角。无论是单幅、双幅、分块式或连续性雕花，都对称、均衡，富于图案特点。雕出的花草、禽兽和人物，形神兼备，千姿百态。1948年，32岁的蒋在谱被同行推举为“汉口雕剪花样职业公会”主席，主持全汉口雕剪花样行的工作。

新中国成立后，他带头组建武汉地区最早的剪纸雕花小组，开始从技艺与内容上推陈出新。1956年上半年，武汉市设立工艺美术的专管机构，组织行业归口，帮助艺人归队；11月，由市人民委员会授予蒋在谱等9人为“老艺人”称号。并发掘整理

木兰山第一天门

包括蒋在谱剪纸在内的传统技艺。接下来，蒋在谱作为武汉民间艺术家代表，三次出席全国工艺美术代表大会，将湖北、武汉、黄陂的剪纸艺术向全国推广。邓小平、李先念、华国锋等党和国家领导人曾亲自接见并合影。时下，其女蒋梅华继承剪纸艺术，并向省市申报了非物质文化遗产。

木兰山地质博物馆

近年来，黄陂传承“木兰传说”影响最大的艺术形式，当属大型音舞诗画《诗画木兰山——木兰山组歌》，以十二首歌唱千古名岳木兰山的独立曲子，组成一部多侧面、全方位、新视听，且气势磅礴的木兰文化颂歌。作品由多次执导过春节联欢晚会的中央电视台文艺部主任、著名导演郎昆执导，是一次木兰题材文艺作品的全明星、大制作精品，极大地促进了木兰精神的传扬，其表现手段上也是推陈出新。另有《木兰天池美》、《请到木兰天池来》、《好一朵美丽的木兰花》等，赞叹黄陂“木兰生态旅游区”秀美风光的歌曲及音乐光碟制品。

反映木兰将军光辉一生的大型电视连续剧《一代巾帼》，由曾经编写过大型电视连续剧《江山》的著名作家邓一光编剧，共四十集。它以黄陂木兰文化资源为重要依托，大空间、长时段地再现了奇女木兰波澜起伏、壮美感人的人生经历。此剧由中共黄陂区委、黄陂区人民政府协助拍摄，并在中央电视台及全国各省市电视台的播放，在相当广泛的时空范围内产生重大影响与震撼。

与此同时，还有其他多种表现形式，如见诸于全国及省市各类报刊黄克勤、胡建奇、喻建华等关于木兰生态旅游区人文景点和自然风光的摄影作品等；陈忠德、喻建华等关于木兰诗词歌赋的书法篆刻作品及题字等，遍及黄陂城乡公共场所；黄陂籍湖北美术学院院长、国家一级画家冯今松、汤文选等关于木兰题材绘画作品；谢祖才为贺黄陂区《木兰诗词》创刊所作的楹联：“木兰巾帼传佳话，山湖女杰相彰映；武汉黄陂报好音，龙凤吟咏互竞飞。”此外，还有《木兰清风》反腐倡廉文艺晚会。

木兰工艺品也名目繁多。如木兰真空玻璃品口杯，上印有木兰山图案和毛泽东关于木兰山论述的文字；木兰水晶镇纸，上印木兰山等图案；木兰诗竹简，刻有宋代大书法家米芾行书《木兰辞》全文；木兰紫玻璃雕花工艺瓶，上雕木兰山图案，并刻杜牧《题木兰庙》诗；木兰古门仿青铜祈福鼎；木兰古门“石上风景”汉白玉石雕；木兰牌实木手杖等。

2.4 旅游传承

在黄陂的历史上，曾经有过“黄陂十景”（一说为“黄陂八景”）：木兰耸翠、克寨屯军、武湖烟涨、滠水冬温、鲁台望道、甘露呈祥、铁锁龙潭、板桥仙迹、钓台夜月、西寺晓钟。其中前四景与木兰相关。

自20世纪80年代始，黄陂以木兰山为中心陆续开发了木兰湖、木兰天池、木兰古门、木兰草原、木兰云雾山、木兰清凉寨、锦里沟和农耕年华等十大旅游景区的系列木兰生态旅游。其中有七大景区与木兰相关，并建成国家4A级旅游景区，居全国区县级第一。所以我们把这新开发的景区称作新“木兰十景”，历史上的“黄陂十景”，称作旧“黄陂十景”。

由旧“黄陂十景”到新“木兰十景”，意在通过“文化的物化”洗礼，形成与时俱进、生生不息的“物化的文化”。

旧“黄陂十景”中的木兰

滠水冬温：滠水位于东经114° 33’，北纬31° 34’，因民众用“滠浮”捕鱼而得名。发源于大别山南麓之鄂豫交界的三角山坡，经木兰将军出生地双龙镇旁与长眠之地木兰山麓，自北向南，纵贯黄陂全境，至五通口与谌家矶之间的钱耿岭处注人长江。流域面积1500平方公里，其中耕地70万亩。在滠水上游之大城潭附近有一温泉，冬暖夏凉，成为一景。[明]狄同然曾以一首《滠水冬温》赞曰：

木兰山麓浚源深，流向东城汇一津。
夜渡呼船常带月，秋波洗练净无尘。
群鸥出没寒犹暖，积雪消融腊似春。
拟过前川行乐事，东风花柳逐时新。

木兰耸翠：黄陂城北60里的木兰山，为荆楚名岳之一，不仅以木兰将军的家乡闻名于世，而且以自然景观和道、佛教圣地吸引历代文人墨客、游人、香客前来探幽。有诗为证：

突兀奇峰霄汉闲，相传千古木兰山。
翠流断壁烟生石，绿染虬松云掩岗。
岭后一声清磬动，天边几点暮鸦还。
将军去后无消息，弱柳春来弄小蛮。

新“木兰十景”中的描述

木兰山：木兰山是旧时黄陂“十景”仅存的人文景观。现以千年宗教名胜、国家地质公园与森林公园为特色，整个风景区分为古寨区、石景区、花苑区、山庄区四大板块。

古寨区：蜿蜒起伏于主峰祈嗣顶，海拔582米处，全长5华里。始建于南宋开元年

（1259年），最早为烽火台。清咸丰三年（1853年）为防太平军加修炮楼，是一座名副其实用于军事防御性的古寨。其后，随着宗教活动盛行，寺庙逐年兴建，形成不少有神奇色彩的景点建筑。古寨区内有一天门、南天门、木兰坊、二天门、三天门、金顶坊、玉皇坊、玉皇洞、灵霄街、狮鼻洞等古建筑群。

石景区：奇石众多，形态各异，加上民间古老的传说，身在其中，颇有形神兼备的韵味。整个石景区，通过步行1090个石阶与各个石态各异的景观相串联，令游人一面登石梯，一面观赏铠甲石、人面石、凤冠石、金蟾石、棋盘石、穿箭石、大佛石、眼泪凼、脚板石、剑劈石与飞来石。还有白云洞、太子洞等景点。《辞海》“木兰”条云：“湖北黄陂木兰山上有白云洞,下有黄石洞，并以清幽擅名。”

花苑区：木兰山森林资源丰富，种类繁多，林区面积3万亩，森林覆盖率达95%。林区内林木遮天蔽日，各类古树、名木与花卉三百多种。还有古好汉坡、水晶宫、九碑石、打儿窝、三眼井、下马石等景点。

山庄区：20处避暑山庄镶嵌在滴水崖、龙头石、蟠龙竹海与卧虎石、双龙亭、剑壁石等景点之中。

木兰山的庙会原来每月均有，现在以“亮子会”影响最大。亮子会在秋收后的农历八月初一开幕，在内容上则是集民俗文化、集市贸易、旅游观光于一体，是木兰民俗文化的集中展示。

木兰山下的木兰山武术学校，诸如木兰拳、木兰剑、木兰棍、木兰枪以及散打、摔跤等五花八门，还有木兰扇、木兰操等各式各样的文体表演，近年在湖北省的武术比赛中，夺得的金牌占据金牌总数的一半。木兰山武术学校还向全国输送了千余名武术教练，有800余人在全国各地组建了武术队或开设了学校。

木兰湖：乃木兰饮马处，位于黄陂区木兰乡，距武汉市中心城区60公里，是湖北省最大的省级旅游度假区之一，也是华中地区最大的白鹭珍禽奇观与都市郊野旅游度假区。

木兰湖整个水面面积为3万亩，湖岸线长57千米，108个湖汊，23个岛屿。木兰湖除承接

木兰山古寨

木兰山国家地质公园

天然雨水外，湖底有13个泉眼，喷出的甘露，清冷沁人，含有对人体有益的多种微量元素，可直接饮用。湖面开阔处烟波浩渺，横无际崖，湖中曲折处峡谷深潭，波静渊涵，湖面清澈，湖周则青山环抱，绿树掩映，各式富丽堂皇的度假避暑楼倒映在万顷碧湖中，形成木兰湖独特的景观“碧鉴琼楼”，人在湖中游，如在画中行，风景纯美。

湖区东岸的林区，常年栖息着9目19类32种珍禽10余万只，其中30%为国家二级保护珍禽黄嘴白鹭。另有池鹭、牛背鹭、白鹭、中白鹭、夜鹭、黑冠虎斑鸠等。每当晨曦出谷，鹭群不约而同地翩翩起舞，展翅翱翔，成群结队，蔽日遮天，宛如奏起一支以万里蓝天为舞台的晨光曲。这个千回百转的大合唱，激荡于涤净嚣尘的湖面，划破了静谧无华的晨空，唤醒了梦中的旅客，迎来了新的早晨。

木兰湖的主要景点还有：碧湖绿抱、鹭鸟银花、青塚流芳、岩石印趾、神龟驭仙、白马仙石、长堤观海、星耀中天等。目前，风景区拥有国家3A级太阳岛、中天山庄、福星岛和七星岛等星级度假村，具备食、住、游等配套服务功能，是游客垂钓、游泳、观鸟、避暑、度假的理想胜地。

木兰天池：为木兰幼儿练剑之所，也是黄陂首个国家4A级景区，还是素山寺国家森林公园的一部分，武汉地区最大的森林峡谷。它位于黄陂区长轩岭街境内，距武汉市61公里，距天河机场43公里。系黄陂民营企业家曹江城开发的新型景区。

景区面积13平方公里，主峰海拔520.6公米，属大别山南麓一脉。这里沟壑纵横，

木兰山脚下的将军庙

林木茂盛，一年四季流水不断，呈现的是一种山水交融的湿地生态。主要由“浪漫山水”、“高峡人家”和“森林公园”三大主题景园链接成一个南北走向的长达十余公里的森林山水大峡谷。

这条大峡谷，由飞瀑、溪潭、怪石、奇木“四绝”构成的自然景观达200多处，可谓十步一景，百步一绝。峡谷两头挑着明镜一般的高山湖泊，大小天池的落差约有380多米。这里素有“湖北的九寨沟”、“武汉的庐山”之说。难怪作家赞叹曰：“石门锁大别，天池秀木兰。古道接悠远，山气入青岚。”

相传这里曾是木兰将军的外婆家，是木兰将军小时候生活、习武的地方，也有太平天国洪秀全时期的许多古寨遗址。还是原国家主席李先念同志生活战斗过的地方，至今还保留着许多革命遗址。

木兰古门：为木兰幼时练习骑射的地方，是国家4A级景区，也是武汉市唯一的生态奇石景区。景区位于武汉木兰生态旅游区的姚家集镇境内，总面积6000亩，距武汉中心城区约65公里。该区域规划面积约5000亩，属典型的山水石林景区。景区内乱石如林，千奇百怪；长河蜿蜒，两岸青山；幽谷深邃，百鸟和鸣；飞流直下，百丈垂练；湖水碧透，白鹭翔集。这里是观石景致，涉水游历，峡谷探究的旅游观光最佳处。

区内有月台观瀑、佛掌岩、扇贝石、金龟石、木鱼石等自然景观43处，草笠茶屋、百米画廊等人工景点10余处，景区的自然景观层次感和韵律感强，人工景观按环

木兰山胜景

境、游人视觉需要，均匀布点。景点的建设充分利用自然，突出美学格局，通过不同类型的游道组合，让游客从不同角度去欣赏，感受大自然的美。

古门山“天河”全长约1000米，位于古门山景区内海拔约300米高的山顶峡谷之间。

古门湖位于古门山西麓，湖面约800亩，容水量300万立方米，水体质量超过国家一级标准。湖岸线曲折，半岛众多，其中最大半岛面积约200亩。

“石林”是古门山景区最具特色的景观。主要景观类别有石壁、石岩、石洞、石群、石瀑等。此外还有各具特点的象形石。

区内有大小瀑布十多处，主要分布在太阳谷内，其中最长的“三叠瀑”有百余米，最高的“百丈瀑”高达50米。

“太阳谷”游程全长2500米，主要由百丈瀑、天河、天潭三大景段组成。盛夏时节，日平均气温低于武汉市区4℃～6℃，是纳凉避暑的极佳去处。

木兰云雾山：相传是木兰为民祈祷祝福的地方，也是武汉市唯一的城市郊野公园，也是木兰将军泥塑四代传人的地方——王家稻场。位于黄陂区李家集镇泡桐境内，距武汉市60公里，方圆25平方公里。享有“西陵胜地，楚北名区。陂西屏障，汉地祖山”之美誉。云雾山重峦叠嶂，气势雄伟。景区地貌奇特而秀美，集峰、谷、堰、潭、川、古寨、古建筑于一体，千姿百态，风情万种，被称为木兰生态旅游区中的“百景园”。景区内植物种类丰富，有各种树木1000余种，中草药材600余种。奇花异草，四时交替。森林覆盖率95%以上。主要景区有：

跪子石：素有木兰“曲跪得子”的传说。当地信众，每年都有数以万计到跪子石前膜拜，或求子、或还愿，常年香火不断。由于信众的常年跪拜，此石被磨出了这两个圆溜溜的跪膝印。再看这跪子石缝里最神奇的一株杜鹃。云雾山的杜鹃花大都在四五月间开放，可唯独这株杜鹃却是四季常开。不知道它是感应了跪子石的灵气，还是想与跪子石争艳？

稻场王村：此村为泡桐王氏祖屋，面积一千多平方米。村庄现有农家十余户，住宅非常古朴。稻场王村最富特色的，就是所有的房屋全是干砌石墙。

闻名于世的汉阳归元寺五百罗汉、各地的木兰将军塑像，均出自黄陂王氏父子之手。据传，五百罗汉中，第四百三十尊和第五百尊即为王氏父子面目的自塑像，父像一手擎日，子像一手托月。

俗话说“泥菩萨过江，自身难保。”但是，泡桐所出的泥菩萨是可以过江的。相信去过归元寺的人都听说过，在清道光、光绪年间，长江发过两次大水，将归元寺全部淹没，但归元寺的五百罗汉在两次洪水的浸泡下仍然完好保存下来。为什么泡桐的泥塑可以在水中浸泡而不受损呢？那就不得不提到泡桐泥塑的独特之处了。五百罗汉实际上是在泥胚的基础上，刷上一层又一层的桐油、猪血、糯米以及黏土等，刷后凉干再刷，要连续刷一年的时间，然后在泥塑底部掏一个小孔，灌水掏出里面的泥胚，就成了能过江的泥菩萨了。现在的玻璃钢制作工艺和当时泡桐泥塑工艺非常相似，区别只是玻璃钢用的是化学材料，泡桐泥塑用的是物理材料而已，可见当时泡桐泥塑技术的先进性了。

木兰草原：是纪念木兰将军在塞外征战的地方，是武汉市目前唯一的草原特色景区。位于木兰山南麓王家河境内，距武汉市38公里，是一处以草原风情展示为主，融观光、游乐、会务、度假于一体的旅游景区。主要景观有草原人家、草原古城、草原部落、草原集市、草原牧场、草原敖包、茶马客栈等。走进木兰草原，可以欣赏到风吹草低见牛羊的草原美景，可以感受到篝火熊熊、舞姿翩翩的异域风情。

木兰山天梯

木兰山上的“木兰文化城”

而每当夜幕降临木兰草原之地，在充满神秘色彩的敖包旁，在深情悠扬的马头琴声中，一对对身着民族服饰的多情恋人相会于缠绵的月光下，相互倾诉着无尽的衷肠，又别有一番草原情调，引人遐想。

木兰天寨：既是木兰与师傅丧吾和尚前往大悟山中途歇脚之处，又是他们练兵布阵的千年古寨。位于蔡店乡西北部，距武汉市中心城区85公里，距黄陂中心城区62公里，平均海拔600余米，景区总面积6000余亩，辖区内的刘家山是武汉市海拔最高的自然村。该村地貌独特，相对海拔较高，年平均温差低于武汉市中心城区4℃～6℃；山体高大陡峭，植被丰富，层峦叠嶂，十分壮美，具有发展生态观光旅游和城郊休闲度假旅游的显著优势。主要景观特色有：植物景观——景区内有近2000亩油茶，每年花开两季。盛花时节，漫山遍野，鲜花犹如白雪覆盖，景色迷人，蔚为壮观。

2.5 社会传承

千百年来，黄陂“木兰传说”的社会传承包括县乡监制、木兰武术、宗教活动、常年展览、标志建筑与相关冠名等方面。可谓官方、民间与社会各界共同推进。

2.5.1监制

2.5.1.1木兰县

在历史上，因黄陂走出了一代巾帼英雄木兰将军，朝廷曾再度将黄陂设为木兰县。据《黄陂县志》记载，在南北朝南齐太和三年（479年），朝廷为纪念木兰将军，特地将黄陂木兰山以北地区（包括今大悟县南部）及今红安县大部设立“木兰县”，县治在双龙镇。《南齐书·州郡志》云：“南齐司州安蛮左郡辖七县，第一个便是木兰县。”

到了后梁统治时期，由于连年战乱，亲伦相残，忠孝沦丧，于是后梁当局于景明三年（502年）废木兰县，置“梁安县”。直到隋代开皇十八年（598年），隋文帝杨坚决定重建忠孝立国朝纲，乃诏命恢复“木兰县”（《隋书·地理志》），一直沿袭到唐武德三年（620年）。魏征主编的《隋书·地理志》，亦明确记载：“木兰……开皇初别置廉城县……十八年改县曰木兰。”

2.5.1.2木兰乡

在民国年间，黄陂将古木兰县地域内之木兰山东北的塔耳乡，正式冠名为木兰乡，但是在新中国成立后又重新用塔耳乡。到了1992年，随着黄陂将木兰将军饮马之木兰湖开发为木兰湖风景区，其后于20世纪末将以木兰湖为主体的原塔耳乡恢复为木兰乡。

2.5.2革命斗争

1927年12月下旬至1928年初，黄麻起义的骨干人员转移到木兰山，建立了中国工农革命军第七军，坚持斗争达三个多月之久。

抗日战争时期的1939年，黄陂军民曾以在木兰山北坡的木兰墓前刻名立碑的形式，举行过大型公祭木兰的活动，以激发民族斗志。红七军即后来创建了全国第二大苏区——鄂豫皖苏区的红四方面军的前身。

2.5.3武术

除了木兰山的道教、佛教与民间人士推广木兰拳、木兰剑外，改革开放后又在木兰山建有木兰文武学校，编练了多套以木兰命名的武打招式，如木兰拳、木兰剑、木兰鞭、木兰棒等，毕业的学生输往全国各地。

木兰文化城陈列的木兰纺线造型

延安万花山的的木兰陵园中的木兰雕像

2.5.4宗教

木兰山上从隋唐时期开始至今，建有木兰庙、木兰寺、木兰殿、木兰宫、木兰牌坊等。该山是远近闻名的道教与佛教圣地，木兰山的宗教建筑颇具特点：一是“佛中有道，道中有佛”，把佛教与道教建筑融为一体；二是寺庙建筑注重结构，用石块交错嵌压而成，不用泥浆，即干砌石墙，有“木庐干砌”之誉。

2.5.5标志物

在黄陂重要路口和北部木兰生态旅游区各景点内，都有关于木兰形象的标志物，以渲染木兰故里的氛围。已经成为黄陂是木兰故里的象征物。除九届全国政协副主席王文元教授为姚集街大城潭村所书“木兰故里——双龙镇”外，黄陂各主要标志如下：

（1）黄陂新城入口处建有木兰将军弯弓骑射石质雕像一座，成为木兰故里的第一象征。雕像通高6米，底座南侧刻有著名书法家启功亲笔题写的“花木兰”三字，北侧刻有唐代大诗人杜牧《题木兰庙》诗一首。诗云：“弯弓征战作男儿，梦里曾经与画眉。几度思归还把酒，拂云堆上祝明妃。”

（2）木兰山风景区宗教区树有一座木兰将军石坊。牌坊上方正中刻有“忠孝勇节”四个大字，其上端雕刻“双凤朝阳”图案，下端雕刻“二龙戏珠”图案。此种“凤上龙下”的着意布局，形象地体现了人们对巾帼英雄花木兰的景仰之情。

（3）木兰山风景区山北坡入口处建有花岗岩牌坊式门楼一座。门楼高约10米，宽约8米，共四柱三门。门楼正面题刻有著名书法家启功亲笔所书“木兰山”三字，背面题刻“三楚极观”四字。整座门楼风格古朴，气势雄浑。

（4）木兰湖旅游度假区入口处建有石质门楼一座。门楼高约10米，雕梁画栋，古意盎然。门楣上书有原中央军委副主席刘华清亲笔题写的“木兰湖”三字。

（5）木兰湖广场中心建有花木兰雕像一座，像高8米，形象威仪，气势非凡，令人仰止。

（6）木兰天池风景区入口处建有大型人造石门楼一座。门楼高5米，通体黛色，上刻全国九届政协副主席王文元亲笔所书“木兰天池”四字。

（7）木兰天池风景区小天池北端建有木兰将军身着戎装、剑直苍穹的石质雕像一座。雕像高约6米，通体雪白，雕功劲健，气势雄伟。

（8）木兰古门风景区入口处建有仿古门楼一座。门楼高10米许，飞檐起翘，上刻著名书画家周韶华亲笔所书“木兰古门风景区”七个飘逸秀雅的行书大字。

（9）木兰清凉寨风景区广场北侧售票处建有大型仿楚城风格石质门楼一座。门楼通高10余米，风格古雅，气势雄浑，上刻全国九届政协副主席王文元所题“清凉寨”三个大字。

（10）木兰川内建有木兰文武学校一座。该校创建于1992年，占地250亩，共有师生近2000人，常年授课，文武兼修。其中，武学以木兰武术为主要教学内容，校门口有色彩鲜亮、构图古雅的仿古重檐门楼建筑。

（11）黄陂区前川街木兰大道南侧建有“武汉木兰公路客运有限公司”，为全区公路客运的运转中心。

（12）全区境内另有以“木兰”、“花木兰”、“木兰故里”、“木兰将军”等命名的街道、建筑、商号、景点、产品、企业等多达上百处。如冠名木兰的地方土特产品有：木兰醇牌白酒，木兰泉牌矿泉水，木兰素斋系列菜品，木兰系列品牌蜂蜜产品，木兰牌葛粉、豆丝、糍粑、野菜，木兰银峰、木兰银毫等系列品牌茶叶等。

2.5.6展览与建筑

黄陂民间木兰文化热爱者叶蔚章，自费创办花木兰展览馆，内藏各类关于木兰的实物资料达500多件。他收藏了与木兰有关的图书善本、书画、雕版、陶瓷等文物，分别在黄陂木兰山“木兰文化城”和武汉各社区常年进行展览。这种民间自发传承与推介木兰传说的活动，在全国都有首创意义。台湾中天卫视曾慕名前来拍摄专题片。

木兰文化城除经常性地举办与木兰文化相关的会议和武术表演外，还陈列有《木兰传奇》内容的浮雕38幅。

不仅如此，黄陂木兰山及周围地区，在利用不规则的石料进行建筑房屋时，还有直接用石块压砌，不用一泥一浆的独特工艺，被称为“木兰干砌”（亦称“木庐干砌”），已成为当地特色化的木兰文化符号。

2.6 艺人传承

木兰传说的非物质文化遗产保护涉及政府、学界、社会团体的方方面面，但最终需要落实到根本上的还是传承人，传承人永远是非遗保护的核心与关键。在黄陂，经过以师徒传承的方式历代相承。目前，湖北大鼓（善书）已经传承四代、楚剧（黄孝

台湾中天卫视在木兰将军墓古碑前录像

花鼓戏）传承到第五代、雕塑则传承了六代、雕花剪纸传授到第四代。其传承谱系如下：

2.6.1大鼓（善书）

第一代传人王月明，1895年生，创作并表演《木兰从军》。

第二代传人胡志高，男，1913年生，作品《木兰从军》。

第三代传人郑裕国，男，1944年生，作品《木兰从军》、《木兰油站》。

第四代传人郑建勋，男，1972年生，作品《木兰从军》、《木兰油站》。

2.6.2楚剧（黄孝花鼓）

黄陂楚剧艺人以师徒传承的方式，表演以木兰为题材的大型楚剧，一百多年以来已经传授到第五代。其传承谱系为：

第一代传人曹蓝春，男，1905年生，在《替父从军》中饰花木兰。

第二代传人易红珠，女，1939年生，在《替父从军》中饰花木兰。

第三代传人李咏珍，女，1947年生，在《替父从军》中饰花木兰。

第四代传人邓美兰，女，1962年生，在《花木兰》中饰花木兰。

第五代传人刘小雪、郑莎，女，分别于1979年、1981年生，在《少年花木兰》中饰花木兰。

2.6.3雕塑

雕塑艺人以师徒传承的方式，迄今已经传授到第六代。其传承谱系如下：

第一代传人王煜，男，1903年生，创作《木兰弯弓坐骑》、《木兰戎装立像》。

第二代传人曹家顺，男，1935年生，创作《《木兰弯弓坐骑》、《木兰戎装立像》。

第三代传人彭发生，男，1942年生，创作《木兰弯弓坐骑》、《木兰戎装立像》。

第四代传人王启新，男，1962年生，创作《木兰弯弓坐骑》、《木兰戎装立像》。

第五代传人王启志，男，1972年生，创作《木兰弯弓坐骑》、《木兰戎装立像》。

2.6.4剪纸

雕花剪纸艺人以师徒传承的方式，迄今已经传授到第四代。其传承谱系如下：

第一代传人蒋传德，男，1883年生，创作《木兰从军》雕花剪纸。

第二代传人蒋芳康，男，1900年生，创作《木兰从军》雕花剪纸。

第三代传人蒋在谱，男，1916年生，创作《木兰从军》雕花剪纸。

第四代传人蒋梅华，女，1958年生，创作《木兰从军》雕花剪纸。

2.7会节传承

我国传统节日中包含着丰厚的人文精神。许多传统节日源自历史，经过后人不断充实，原本很简略的节日逐步演化，最终构成了固定的形式、主题和方式。它的构成，除了公众的作用，行政的作用也十分重要，它的兴衰也在很大程度上取决于历代当局的倡导或反对。《木兰传说》正是利用传统会节作为一种传承方式，才在历史上产生深远影响。

黄陂的会节传承包括官方与民间共办的木兰庙会、木兰文化节与木兰文化研讨会，还有民间的木兰文化研究会等多

启功题写的木兰山牌楼

著名书画家张善平在姚集为木兰故里泼墨

著名书画家张善平题：木兰故里双龙镇

种形式。

2.7.1庙会

黄陂地区纪念木兰将军的民间传统习俗众多，影响较大、延续时间最长的是每年农历八月的亮子会（又称“开山门”，木兰山的主要庙会），以及春节期间的元宵灯会。这两种祭拜木兰将军的民俗活动大体始于唐贞观年间，迄今有一千三百五十多年的历史，除20世纪“文革”期间外，至今未断。

亮子会因朝觐者在其上木兰山行进途中炫耀锣鼓唢呐声、此起彼伏鞭炮声、土铳声的响亮，擎举各色旗幡的壮观，以及所抬神像在日光辉映下的光闪闪发亮而得名。亮子会又名“开山门，迎香客”庙会。八月初一开始，月底结束。以初一到初三这几天最热闹，远近香客游人携香烛、黄表纸、供品等物络绎不绝地登上木兰山，头天夜

清代“木兰从军”清花瓷瓶

间在木兰殿为主的庙宇前静候，抢烧头香。翌日凌晨，庙宇大门打开，灯火通明，香烟缭绕，磬声悠扬，鞭炮炸响。香客游人争先恐后入庙内抢烧头香。朝拜祈祷，抽签许愿。黄陂木兰山是著名的道教圣地，提倡行善、积善，以求达到“积善功以通天神，认为天下之事，惟忠孝诚信为大。”木兰将军是具有忠孝精神和行为的楷模，自然就会被视为神并成为人们顶礼膜拜的对象。有经文曰：“朱女木兰孝在先，不做侍郎归园田。侍奉父母尽孝道，天伦之乐皆欢颜。”

2.7.2灯会

元宵灯会祭祀木兰将军的民俗活动，以木兰山北麓的将军庙一带规模最大，人数最多。据传，明朝万历年间的一个新春，众道人齐聚木兰山“第一天峰”的玉皇阁，观山下将军庙一带祭祀木兰的活动。道长玉清感叹曰：“热闹热闹真热闹，木兰山快比不了将军庙。”明末清初时，将军庙周围几十平方公里范围内的百姓，在祭祀木兰时除有丰富多彩的民间民俗内容外，还要拜谒将军庙旁的木兰将军墓。清同治年间《黄陂县志》载江左宜兴人《游木兰记》曰：“山麓里人岁操壶酒豚蹄以奠，其为故里，复奚凝哉……”各代出新的龙灯彩词有的唱曰：“木兰庙内朱将军，忠孝勇节人人敬。替父从军为国家，女扮男装胜男人。孝敬父母辞官场，不慕利禄好心肠。驰骋沙场斗凶顽，威震北蕃美名扬。洁身自好保贞节，儒家教义记得切。女神心灵多明亮，胜过十五中秋月。”此外，在玩狮子、划彩船、唱乡戏的活动中，也有赞颂木兰的彩词。如一段《贺木兰女神》的狮子舞词是：“鞭炮锣鼓闹腾腾，特来拜贺木兰神。木兰女神最忠孝，卫国为家后人敬。今来朝拜木兰神，庙内神钟响三声。一愿将军保国昌，二愿百姓享太平，三愿风调雨也顺，年年岁岁有余盈。木兰保佑众黎民，黎民世代敬女神。敬拜女神得保佑，黎民欢笑庆升平。”可见木兰形象是黄陂民间借以表达美好愿望的重要对象。

2.7.3木兰文化节

长期以来，特别是二十世纪九十年代以来，黄陂区委、区政府十分重视以“木兰传说”为主要内容的木兰文化的挖掘、整理、保护、开发和利用工作。自1999年至2012年，共举办了十三届中国武汉木兰旅游文化节，召开了两次“木兰文化研讨会”，成立了“木兰文化研究会”，并以此为载体和平台，先后展开了一系列的传承

醉山张“醉”在木兰古门

著名书画家冷军在木兰古门写生

活动。在研究开发木兰资源、大力弘扬木兰精神、全面彰显木兰文化，全区上下为建设“富裕黄陂、和谐黄陂、生态黄陂”等方面达成了广泛共识，取得了世所瞩目的丰硕成果。黄陂电视台、黄陂区政务网站、黄陂旅游网站、《黄陂报》、《黄陂文艺》、《黄陂文化》、《黄陂年鉴》等刊物媒体，一直设有相关栏目，成为宣传推介木兰文化的重要阵地和窗口。与此同时，木兰文化打造的“走出去”战略，也从未间断。通过中央电视台、湖北电视台、武汉电视台和新华社、人民日报、光明日报、中国文物报、中国旅游报、湖北日报、长江日报、楚天都市报、武汉晚报以及港、澳、台等三十多家媒体，对“木兰故里”、“木兰传奇”、“木兰文化”和与木兰文化传承相关的活动进行的数百次的大规模、全方位宣传报道，在国内外产生了非常广泛而深远的影响，获得了普遍好评，常被人们津津乐道。可载入木兰文化发展史册的传承活动是：1999年9月，在木兰湖举办了“第一届中国武汉木兰文化节”，内容包括大型民俗表演和经贸洽谈活动等；2000年4月，在木兰湖举办了“第二届中国武汉木兰文化节”，国家邮政总局在此同时举行了《木兰从军》邮票首发式；2001年9月，在木兰山举办了“第三届中国武汉木兰旅游文化节”，内容包括大规模文艺演出和木兰武术表演等；2002年9月，在新建的“木兰天池”景点举办了“第四届中国武汉木兰旅游文化节暨木兰天池景区开园仪式”；2004

年9月，在新建的“木兰古门风景区”举办了“第五届中国武汉国际木兰旅游文化节”，一并举行的还有“木兰古门风景区开园仪式”和由中国生态旅游学会与黄陂区人民政府共同主办的“中国武汉生态旅游论坛”；2005年9月，在盘龙城开发区举办了“第六届中国武汉木兰旅游文化节”。期间，先后展开的内容有木兰武术表演、木兰故里民俗展示、木兰湖环湖自行车赛、木兰美食庙会、盘龙城人居论坛等一系列重要会节活动。上述活动每年都成为武汉地区黄金周期间的一道文化大菜和旅游大菜。黄陂作为武汉市面积最大、人口最多、生态最优、人文资源最丰富的远城区，历来高度重视打造木兰文化这个人文与自然相互交融的旅游品牌。

近二十年来，947平方公里的木兰生态旅游区在加快木兰山、木兰湖等传统景点发展的同时，还不断加大招商力度，加大资金投入，先后引入民营企业开发建设了一系列木兰品牌景点。2002年9月，由武汉丰太有限公司投资2000多万元开发建设的“木兰天池风景区”，现被评定为国家4A级景区。2004年9月，由武汉东垦集团公司投资2800万元，开发建设了“木兰古门风景区”。2006年5月，武汉木兰清凉寨旅游有限公司和武汉云雾山生态旅游发展有限公司先后斥巨资，分别开发建设了“木兰清凉寨风景区”和“木兰云雾山郊野公园”，很快就成为武汉地区旅游的新亮点和传承“木兰传说”的新热点。

2.8口头传承

“木兰传说”作为千古流芳的故事，它的早期创作、传播与流传，均是以口头形式为主。因为在数千年前，一般的普通民众，包括民间的专业艺人或半专业艺人，均被排斥在文字使用之外。因此，包括“木兰传说”在内的文学创作，一般只能用口头语言，甚至还用地方土语方言去构思、表现(包括演出)和传播。随着社会的发展，民众的文化程度不断提高，创造了许多浓郁民俗风格的表现方式和手段。但在不少的场合，仍然要用口头语言歌咏或讲述“木兰传说”的民间文学表现形式，如故事、歌谣等，能够长期在社会化上流传。因此，口

双龙镇花木兰出生地纪念碑

头语言创作、传播、接受、再创作，成为“木兰传说”的主要特征之一。

在黄陂，仅在当代就涌现出丁和岚、丁陵生、胡育华、喻承生、杜有源、黎世炎、刘建新、余永奇、胡剑中等创作的诸如《木兰将军印》、《十里画廊木兰川》、《双龙镇史话》、《好汉坡前话古道》、《木兰耸翠的传说》、《好一朵美丽的木兰花》等一批口头传承的民间故事版本。有的甚至被出版社公开出版发行，在广为流传。

总而言之，“木兰传说”之树，已经在黄陂这片沃土生根、开花、结果，摇曳多姿。

下篇：传说故事

三、传奇一生

在中国古代民族关系史上，有两位风华绝代的杰出女性各自留下了光辉的一页，一位是出塞联姻的和平大使王昭君，一位是代父从军的安边女将花木兰。在中国古代的诗歌史上，又有两首叙事诗（史称“乐府双璧”）享有重要地位。一首是民间文学的光辉诗篇《孔雀东南飞》，一首是千古传唱的《木兰诗》（又称《木兰辞》）。

木兰代父从军的故事，就是通过《木兰诗》历代相承，传颂至今的。不知是花木兰成就了《木兰诗》，还是《木兰诗》成就了花木兰。总之，花木兰已经成为中华民族家喻户晓的巾帼英雄，也是古今中外文学艺术家们不断进行深入探究和再创作的重要人物题材之一。

3.1 传奇身世

木兰女扮男装、代父从军的美丽传说，千古传颂，举世瞩目。

木兰传说之所以世代相承，历久弥新，就在于木兰的勇武精神与英雄气概，为中国传统女性展现另类光彩照人的一面。另一方面，木兰扑朔迷离的身世，充满了传奇色彩，这为文人墨客提供了深入探究与演绎的巨大空间，因此引起了人们的极大兴趣。

这个生动感人的传说，首先发端于民间，由口头传说发展到书面，乃至音像，而后由民间推动官方认可，再由国内推广到海外。

在“男主外，女主内”的中国专制社会里，正统的封建礼教要求女性必须恪守“三从四德”，相夫教子。那时女性效法的榜样，只能是“孟母三迁”、“岳母刺字”之类的典型。而木兰女扮男装的另类形象，因与封建礼教格格不入一度被打入冷宫，以致在官方的正史中没有留下只言片语的记载。

这样一来，既给此后的木兰将军研究者增加了困难，同时也吸引了更多的人对这位巾帼英雄的好奇，纷纷投身探究木兰的身世与行状。由于历代流传的木兰版本不尽相同，于是学术界就历史上到底有无木兰其人，各执一词。持第一种观点的人认为：木兰的名字最早见诸于文学作品《木兰诗》，正史无记载，辞典无条目，她只是文学作品中塑造的主人公，并非实有其人其事；持另一种观点者则以文献、实物与考古成果等多重证据，雄辩地证明《木兰诗》就是民间流传的一部口述历史诗篇，是历史的印记。且古往今来的诗歌、小说、传记、戏剧、曲艺、电影等文学作品中，大量描写了木兰挂帅出征，安靖边烽的真人实事。尤其是唐杜牧的《题木兰庙》、明代的《木兰古传》、清代的《木兰奇女传》，流传甚广。从元代至顺年间到明清，《汉孝烈将军记》碑文，《完县志》、《黄州府志》、《湖北通志》、《黄陂县志》及民间笔乘《萍踪识小》等，均有记载；《朱氏宗谱》谱

牒中记述的木兰，有名有姓，有传有表，有墓有庙，且曾被朝廷封为“孝烈将军”。而在当时的历史条件下，木兰女扮男装，驰骋疆场，惊世骇俗，挑战封建宗法制度。由专制统治者控制的官方正史，没有木兰的具体记载也在情理之中。是故，木兰不仅仅是文学人物，也是地地道道的历史人物。持第二种观点者合情合理，更符合历史面貌。

3.1.1 文武世家

木有根本，水有源流。民间在叙介木兰的传奇身世时，内容丰富多彩，传播版本五花八门，流传形式多种多样。在流传甚广的三个版本（一说木兰生活在西汉文帝刘恒统治期间，即公元前166年与公元前158年，北方匈奴犯边之时；一说生活在南北朝之北魏孝文帝时期；一说生活在隋唐之隋炀帝任内）中。参加木兰国际文化学术论坛的历史文化学者大都认定：木兰生活在西汉时期。

回望西汉王朝二百余年的历史，它与北方匈奴之间的民族矛盾十分突出，几乎有过一百年的“和亲”和一百年的“战争”。木兰传说与昭君出塞，就是对“战”与“和”的典型写照。清代《大清一统志》曾援引《大明一统志》记载云：“汉文帝时，匈奴寇北边，发内郡戍之。木兰代父为戍卒，以功为小校，所戍是完县，故完人祀之。孝烈将军，唐所封也。”

木兰将军的人物原型朱木兰，就出生于古代江夏郡西陵县之双龙镇，即今湖北省武汉市黄陂区姚家集街之大城潭村——一个民风纯朴的山村古镇。古镇位于历史上最早的“九省通衢”——商代盘龙城之东北，大别山余脉之木兰山脚下，古代黄金水道滠水河东岸。

作为一县的军事要塞与文化重镇，双龙镇的朱氏望族，文武双全，闻名遐迩。据清光绪年间《木兰奇女传》记载，木兰的祖父朱盈川，名若虚，道号实夫。他不仅是一位名扬于士林的文官，也是一位至孝至善的性情中人，尤其恪守孝悌之义，勤俭持家，和平处世，闻名遐迩。木兰的祖母黄氏，名仪贞，膝下二子则是当地的头面人物。长子朱异，字寿甫，号天禄，系朝廷将军，娶媳赵氏，名桂贞。次子天赐，娶媳秦氏，名亚莲，生克孝与克念二子。木兰就是朱天禄、赵桂贞伉俪的长女。

山不在高，有仙则灵；水不在深，有龙则灵。即使是在木兰将军身后悠悠千年的

晚唐时期，身为地方行政长官与著名大诗人的杜牧，也慕名前往拜谒以木兰将军名字冠名的木兰山，踏访孕育一代女杰的摇篮——双龙镇。

唐代会昌二年（842年）四月二十三日，刚刚进入不惑之年的杜牧（字牧之，号樊川居士，世称“杜樊川”），在晚唐统治集团“牛李党争”[2]中，因杜牧做过“牛党”党魁牛僧孺的幕宾，两人私交很好。加上杜牧性情刚直疏阔，不拘细行，不为“李党”领袖、身为宰相的李德裕所容。而当朝皇帝即武帝李瀍即位后，以巩固自己皇位的需要，联合李德裕以整顿朝纲为由，除掉了几个皇位上的对手。李德裕则趁机排挤杜牧等“牛党”骨干，使牧之一夜之间，由朝廷的刑部大员——“比部员外郎”，外放为黄州“刺史”（州府行政长官）。

晚唐朝廷的官场，存在着浓厚的“重京官、轻外职”的风气。朝廷命官大都希望留在天子脚下皇城任职，不愿担任刺史一类的地方行政官员。因为唐代是以户籍的多少，将州郡分为上、中、下三个等级，并按户籍与税赋的增减考察地方长官的政绩。而黄州在唐代属“户不满二万，税钱才三万贯”[3]的下等小州，京官皆视之为“鄙陋州郡”。杜牧由晚唐的政治中心长安，奉调到千里之外的穷乡僻壤，无异于贬谪。这对于踌躇满志的杜牧来说，不免有心灰意冷之感。有其《祭周相公文》为证：“会昌之政，柄者为谁？忿忍阴汗，多逐良善。牧实忝幸，亦在遣中。”

不过，杜牧向来关心民生疾苦，此次履新又是他第一次就任地方行政长官。所以，他初抵黄州府后，就对师爷交代，让其安排前往黄州府所辖的黄冈、黄陂和麻城

三县视察。这对于他来说，既可了解民情，又可寄情山水，抒解心中郁闷。

杜牧所处的时代，唐王朝已是国事式微，处境危艰，藩镇割据、回纥入侵已成为朝廷心腹大患。当素以知兵著称的杜牧得知黄陂县有一座纪念木兰将军的木兰山，他当即决定将黄陂作为他走马上任体察民情的第一站。

据《湖北通志》、《黄州府志》与《黄陂县志》记载，在唐代会昌二年(842年)仲夏的一天，杜牧轻车简从来到黄陂县衙视察。县令见刺史大人正患眼疾，就向杜牧敬言道："刺史大人，下官斗胆陈情：敝县正北五六十里地，有一纪念木兰将军的佛、道仙境木兰山，山上道观长老有一治疗眼疾之祖传秘方。大人若能前往木兰山畅游，既可访古探幽，又可治疗眼疾，可谓一举两得矣！只是大人免不了舟车劳顿了。"

有道是客随主便。更何况杜牧此行的目的之一就是为了拜谒木兰将军，现在又能治疗眼疾，何乐而不为。不过，杜牧对县令提出一个要求：只带一个仆人和一个向导随行，不要惊动地方官绅和木兰山上的住持与长老，仅以一个普通游客的身份，朝觐木兰山，拜谒双龙镇。

本来，从县城前往木兰山与双龙镇，有陆路与水路两种选择。但杜牧为了近距离体察民情，选择了走陆路。那天清晨，杜牧早早起床，以一身游民打扮，佩戴一副保护眼睛的风镜，骑一匹棕色良马，踏上了朝圣之旅。

沿途遇到耕作的农夫，杜牧就主动下马，上前寒暄，了解农民生产生活情况。抵达木兰山脚下的仙河（滠水的一段）旁时，便腾跃下马，将马匹寄存驿站，而后换乘木船过河。当船行至浅水湾，他见一湾清澈的河水，就让船夫停下，自己卷起裤腿，跃入河中，蹚水过河。还特地用双手捧一抔清水洗了一把脸，并禁不住饮了一口，凉爽极了。

过河后，杜牧沿着木兰山好汉坡的480级台阶，徒步朝着木兰山主峰拾级而上。

作为一代诗坛泰斗，到名胜采风，是不会放过每一个细节的。当他路过半山腰的将军庙前的摊店时，就坐下来小憩，一边品茶，一边询问摊主生意如何，打听木兰山的民俗风情。

谁不说俺家乡好。在木兰山土生土长的摊主，见游客打听家乡名胜风情，便如数家珍地向杜牧娓娓道来——

木兰山虽然不是很高（海拔581.1米），但它却以其雄浑的身姿、动人的木兰传说、巍峨的七宫八观三十六殿，远近闻名。正是木兰的美名，加上佛、道二教在此和睦相处，同祭木兰将军，木兰山因此成为历代沿海、沿江文人墨客和香客朝觐揽胜的理想之所。

木兰山原名“建明山”，后因山的外貌，形如牛头，又似雄狮，亦称“牛头山”与“青狮岭”。自从这里走出了巾帼英雄木兰将军后，到了南北朝之梁朝（510年）时，才正式更名为“木兰山”。有明代诗人徐承颐的诗为证：

未有木兰先有山，
山名偏借木兰补；
木兰与山名俱在，
山并木兰争万古[4]。

3.1.2“花姑”芳名

杜牧初步了解了木兰山风情的大概后，就起身别过摊主，前去拜谒木兰山规模最大的中心庙宇——木兰庙（始建于唐朝初年，明代万历三十七年由巡抚张涛奏请扩建为木兰殿）。他刚刚跨进庙门，一位尼姑双手打恭相迎。杜牧一阵寒暄后方知，原来这位尼姑就是木兰的后裔朱继仙，法号“慕仁”。她是为了弘扬木兰将军之“忠孝节义”精神而出家木兰山，虔心打理木兰庙的。

当慕仁师傅听说杜牧是远道而来，特地让其抽了一签，并如此这般地给他解释道：施主虽怀才不遇，但外放州郡，远离是非之地，倒是难得的悠闲。至于眼下正患眼病，只需在木兰庙住上一宿，服用夜明砂，即可治愈。应杜牧的要求，慕仁一边介绍木兰庙内的三座木兰将军塑像的特点，一边向杜牧展示前来朝觐的文人墨客追怀木兰将军的诗词歌赋，而后讲述了木兰将军的逸闻趣事——

木兰将军出生的双龙镇，是一个遏察奸伪，士民安居乐业，商旅发达，镇静一方的山村古镇。有民谚为证：

当街铺面数百家，陆路运货有驴马。

傍晚码头百舸聚，清晨河面千帆发[5]。

古镇濒临直通长江的滠水，筑有坚固的砖石城墙，且有宽阔的护城河，易守难攻，宜于设置重要的军政机构。是故自西汉初年起，这里相继设有烽火台、驿站、盐局、巡检司，到了南北朝之南齐（479年-502年）与隋开皇十八年（598年），则两度成为木兰县治所。

镇上有一位朱天禄将军，耕读传家，家庭和睦，事业有成，造福桑梓，有口皆碑。美中不足的是，年近半百而膝下无嗣。

百行孝为先。不孝有三，无后为大。有一年农历八月初一，牛头山庙会（俗称“开山门”）前夕，朱天禄与夫人赵氏商量，决定前往牛头山祈嗣顶拜香许愿。为了抢烧第一炷香，在庙会的前一天下午，天禄就踏上了前往牛头山的征程。到了牛头山脚下，遂三步一拜、九步一叩，登临牛头山之祈嗣顶，终于抢到了头炷香，并默默地许下了求嗣之心愿。

祈嗣完毕，因彻夜未眠，朱天禄已经十分疲劳，就来到一棵木兰树下坐下，靠着树干歇息。他边放眼观看牛头山上满山遍布的鬼斧神工的奇石，和一座座烟雾缭绕、梵音四起的庙宇，以及郁郁葱葱的翠竹野花。接着连续打了几个呵欠，不知不觉地进入了梦乡。

朦胧中，朱天禄

看到木兰花丛中走出一个人来。这人慈祥和善，面带微笑，由远至近，来到天禄身边——原来是玉皇大帝下凡！玉皇大帝在牛头山亲自召见他，天禄喜不胜。玉帝对朱氏举孝廉、积善成德颇为赞赏，特赐仙子，彰其功德。玉帝笑容可掬地对天禄说：“朕以世运之污隆久矣，而汉室将兴。欲选真仙下降，建立奇功大孝，为盛代之成人。敕旨遍谕诸仙众圣，皆掩目不观，盖红尘杀劫，在在可畏。而牛头山灵，德不自量，慨然浩叹。嗟乎，牛头山灵！念朕之宏仁，愤群仙之鲜济，故有此叹。今天颜可惧，命送汝家。受生之后，善视善教，庶乎不昧本来，仙道可望也。”‘玉帝话音刚落，随即手捧一子，授予天禄，天禄连忙虔诚地跪下，叩了三个响头后，毕恭毕敬地接过男婴。就在天禄低头与玉帝告别的一霎那，他再抬头时，忽然发现手中的男婴不翼而飞了。天禄顿时焦急万分，立即跟在玉帝后面追喊着要男婴。可是，不管天禄如何扯起喉咙声嘶力竭地呼喊，玉帝似乎没听见一般，一瞬间，化作一缕青烟消失在视线外。天禄急得直跺脚，便使劲拍打着脑袋，打着打着竟把自己打醒了，原来是南柯一梦。

在回家的路上，天禄回想起玉帝托梦，百思不得其解：既然是赐子给我，为何又不翼而飞呢？于是，他一回到家里，便一五一十地对妻子赵氏如实告知梦中的情境。赵氏听后，满心欢喜，认定这就是菩萨显灵，从此她便每天在家吃斋祈祷。有一天夜里，赵氏早早入睡，就做了一个美梦，梦中见到牛头山山神赐给她一个千金。她大喜过望，一下子笑醒了。

也许是心诚则灵，事隔不久，赵氏真的怀有身孕了，两口子喜上眉梢。赵氏在十月怀胎之后，顺产了一个可爱的千金。明代手抄本《木兰古传》写道：“木兰将军，黄郡西陵（今黄陂）人也，姓朱、父寿甫，母赵氏，无子，祷于建明山（即木兰山）。赵氏梦山神抱一女入室……遂有娠，如期生女，是为木兰。”

朱天禄虽然没有得到自己梦寐以求的男婴，但毕竟是壮年喜得千金，又是婚后的第一个孩子，仍喜不自胜。长女出世那天，天禄目不转睛地注视着爱女稚嫩的小脸蛋，恰似那牛头山上生长之木兰花蕊。顿时，心花怒放，产生灵感：既然爱女长得如花似玉，为何不以木兰花给爱女命名呢？在欣喜之余，他不禁脱口而出：“木兰，爱女就叫木兰！”朱家添人进口的喜讯不胫而走，乡亲们奔走相告，纷纷登门贺喜。

时间如白驹过隙，一晃又快到了农历八月初一，牛头山“开山门”的时候。妻子就对天禄说：“去年八月初一，官人在牛头山的祈嗣顶许愿，并做了一个美梦，如今果然有了孩子，算是圆了梦，该是我们到牛头山还愿的时候了。”天禄觉得妻子言之有理，而木兰尚在襁褓中，离不开妻子，他仍打算自己一人重上牛头山还愿。

八月初一凌晨，浓密的云雾还在牛头山四周环绕，朱天禄就带着香烛、纸钱和爆竹，来到牛头山祈嗣的地方，点香，香烛，烧纸钱，放爆竹。返程路上，只见牛头山漫山遍野的木兰树郁郁葱葱，枝繁叶茂，花蕊尽开。天禄看在眼里，喜在心头，觉得这是个好兆头，爱女定会像木兰花一样，含苞待放。

小木兰幼时即娇俏机敏，一旦有人逗她，她就报以一脸的微笑。当地民间有一种说法，只要能博得婴儿一笑，你就会交好运。所以，邻里乡亲均喜欢逗乐小木兰。而且族人、双龙镇的乡亲，在呼唤小木兰时，往往将姓氏“朱”字省略，直呼“木兰”。而当地又有称女孩为“村姑”或“仙姑”之类的习俗，所以又给木兰冠以“花姑”之名，意为“如花似玉之仙姑”。不仅如此，也有人将“木兰花”，倒过来念，称之为“花木兰”，谓之“如木兰花一样美丽之木兰”。久而久之，人们就习惯于称“朱木兰”为“花木兰”或“木兰”了。明代杰出的思想家、文献考据学家焦竑，经过博览群书，认真考订，在其著作《焦氏笔乘》中写道：“木兰，朱氏女子，代父从征。今黄州黄陂县北七十里，即隋木兰县。有木兰山、将军冢、忠烈庙，足以补《乐府题解》之缺也。”[7]

3.1.3 幼学女红

木兰的母亲赵桂珍是一位能纺善织的巧妇。她纺的纱比蚕丝还要柔韧纤细，织的布比彩虹还要灿烂夺目，连天上的仙女见了也赞叹不已。一天深夜，少不更事的木兰正在熟睡，其父捧着一匹匹绫罗绸缎，望着熟睡的小木兰，对妻子说：“孩儿已经五六岁了，该是把祖传的手艺教给她的时候了！”

“好，从明天起，我就教她纺纱织布！”妻子点头道。

第一天，木兰遵照母亲的指教，摇着木匠特制的小纺车，纺呀，纺呀，纺了不到一个时辰，眼搅花了，腰坐痛了，手也摇酸了，可棉条怎么也纺不成纱。活泼好动的她索性把棉条丢掉，偷偷地跑到屋外玩石子去了。母亲得知后，让仆人把木兰找回来耐心劝导，木兰却眼泪巴巴地说：“太难学，我学不会，不学了！”老人唯恐女儿贪玩成性，心里十分焦急。

次日清晨，小木兰又偷偷地跑上小寨山。忽见一位老婆婆在泉水凼边的一块红石上磨什么。她走上去一瞧，惊奇地问：“老婆婆，您磨这铁棒棒做什么事?”

“我要把它磨成针呀！”老婆婆边磨边答道。

“这么粗个铁棒棒能磨成针吗?”木兰不解地问。

“俗话说：‘只要工夫深，铁杵磨成针。’想办成一件事，怕难还行?”老婆婆揩了揩满头大汗，又“沙沙沙”地磨了起来。

木兰人虽小，心可灵啦，她望着老婆婆苦心磨针的背影，心里觉得很羞愧。转个身，她一口气跑回家，摇着纺车，学了起来。她学呀，纺呀，眼花了，揉一揉；腰坐痛了，捶一捶；手臂摇酸了，忍一忍。有时忘了吃饭，有时觉也忘了睡。一连七七四十九天，小木兰学会了母亲传授的纺织手艺：她纺出的棉纱可与母亲的纺纱媲美，乡邻见了无不啧啧称奇。

木兰代父从军，被封为将军后，当地人将这个老婆婆磨针的流水凼取名为磨针涧，以此纪念木兰小时候学女红的故事。

小木兰在众人的爱心呵护下茁壮成长，犹如古镇盛开的一朵山乡奇葩。她俏丽的双眼炯炯有神，与身俱在的勃勃英气，其父朱天禄将军常常引以为豪地说，木兰不是男儿，胜似男儿。

杜牧听了道长讲述的木兰传奇后，连连称赞。夜间，他便下榻木兰庙，并服下老道配制的夜明砂。所谓夜明砂，即蝙蝠丹，它就是木兰山风洞（又名黄石洞）中的蝙蝠屎，与木兰山清泉调和而成的特效药物。

次日清晨，杜牧一觉醒来睁开眼睛一看，眼疾竟奇迹般地痊愈了。他兴奋之余，再次来到木兰庙的木兰将军塑像面前，伫立良久。庙内供奉着三尊木兰将军像映入眼帘：正面的五彩塑像，身着将军战袍，明盔亮甲，托剑而坐，半文半武，目光炯炯，眉宇间英气勃勃，粗看是男儿，细察为女郎。这是木兰挂帅出征的造型，威武雄壮；左边是青年木兰投军之初，一身戎装，手牵义孝明驼在行军中的飒爽英姿；而右边则是木兰将军解甲归田后，重着女装的肖像，纯朴善良。众将校分列左右，如群星伴月，更烘托出木兰将军的英武伟岸。在殿堂两侧山墙上，是一组组色彩明丽的仿古壁画，将志载与传说揉为一体，分别以“登山祈嗣”、“涧畔习武”、“代父出征”和“凯旋归省”等为题，生动地描述了木兰幼年田园诗一般的生活，突显了这位妙龄闺秀，以高度的爱国热忱，冲破封建世俗观念的束缚，女扮男妆，奔赴沙场，英勇杀敌的高风亮节和她尊敬父母、热爱家乡的传统美德。杜牧循壁画屏息凝思，耳际似乎萦绕着木兰呱呱坠地的第一声婴啼，岩顶舞剑的隐地风声，停机辍抒的阵阵叹息，铁骑突入的嘶鸣拼杀，以及归来重理红妆的欢声笑语。

杜牧观赏了栩栩如生的塑像与古色古香的壁画后，便走出木兰庙，进入其视角的是庙门正门左右两边石块上，各刻有骆驼和白马图像，又唤起他想象木兰将军当年驰骋疆场，立功异域的勃勃英姿。接着，他瞻仰了正对木兰庙门那雄伟大气的木兰将军牌坊。牌坊北面的“唐木兰将军坊”六个大字非常醒目，顶上立匾所刻“灵杰”。牌坊南面上方浮雕上刻“双凤朝阳”，下刻“二龙戏珠”图案；横额刻“忠孝勇烈”四字，高度概括了木兰精神实质。一般说来龙在上，凤在下，但牌坊却有意将凤与龙的位置互换，这表明家乡人民充满了对巾帼英雄的无限景仰与崇拜。

如此赏心悦目，杜牧的脑海里忽然浮现出《木兰诗》中“当窗理云鬓,对镜帖花黄”的意境,以及唐代中期诗人戎昱《咏史》（又作《和番》）中，“社稷依明主，安危托妇人”的名句。顿时，杜牧诗兴大发，他用“弯弓征战”破题，以一个传神的“作”字，既突出地显示了木兰的特殊身份，又生动地描绘出这位女扮男装的英雄的非凡本领。接着，诗人运用一实一虚、一主一辅的衬托手法，借助梦境，启发人们去想象木兰“梦里”的情思——“画眉”。进而，通过“思归”、“把酒”，并且连用“几度”、“还”两个副词，加以修饰，以此抒发木兰的人之常情——戍边卫国与思乡之情的内心矛盾世界。最后通过主人公前往“拂云堆”（即今内蒙古之王昭君墓青冢）前“把酒”“祝明妃”——借酒浇愁，点明主题：一位是自请和番，凤管弦月的王昭君；一位是金戈铁马，安靖边烽的木兰。她们分别千里迢迢来到塞上“和亲”与从军，虽然双方的处境和动机有别，但同样都是为了解国家之危急而个人挺身而出。这一画龙点睛之笔，把木兰对明妃的敬慕之情暗暗地透露出来，把木兰内心的矛盾统一起来。如此烘云托月，使木兰和昭君心照神交，灵犀相通。与此同时，作者通过以木兰庙为标题，揭示了家乡人民修庙凭吊木兰将军的无限崇拜之情。这首委婉动人的七言绝句，就是名传千古的《题木兰庙》（亦称《题木兰将军》），也是迄今发现最早记载黄陂木兰事迹的名篇绝唱。诗云：

弯弓征战作男儿，
梦里曾经与画眉。
几度思归还把酒，
拂云堆上祝明妃[8]。

3.1.4钦定故里

杜牧告别木兰山的道长时，特地要了几包夜明砂，准备带回去在整个黄州推广这一治疗眼疾良方。杜牧下了木兰山，就将坐骑寄存在木兰驿站，而后乘木船溯流而上，前往隋代的木兰县治、木兰将军的出生地双龙镇，拜谒木兰故居，一边寻访木兰小时候的故事，一边体察民情倾听民声。

船行五六里地，只见

前面不远处船帆云集，车水马龙。码头的东岸，矗立着一座东、南、北三面环山的古镇。但见古镇前后的两支山臂向滠水伸展，蜿蜒起伏，犹如两条巨龙，直插滠水河心；滠水西岸则矗立一座形如球体的巨石，在阳光照耀与河水波光的映衬下，就像滠水河畔的一颗明珠一样，熠熠发光。放眼望去，随着滠水的流动，两条“巨龙”时隐时现，与对岸的“明珠”，构成一幅奇特壮观的“双龙戏珠”动感画卷。

正在杜牧如痴如醉地欣赏这一奇特的景观时，随行的向导告诉他，这个山村小镇就是因这“双龙戏珠”而得名双龙镇的。而且镇东还有一座观音寺，梵音绕梁，香火旺盛。巾帼英雄木兰将军，就生于斯、长于斯、学于斯。忽然，阵阵清脆悦耳的童音合唱民歌声，由远而近，传到河畔。这民歌歌词云：

日出东方观音守，滠水河如青龙游。

虎踞山寨朝北斗，一幅双龙戏珠图[9]。

不一会儿，向导对杜牧说，双龙镇的朱峙镇长已经站在码头拱手迎接刺史大人了。

主客一阵子寒暄后，镇长介绍说，这个坐落在依山傍水的盆地小镇，总面积约八百亩。

古镇矗立于突出地面十多米高的地势陡峭的高台之上，百余间民居建筑，为典型的徽派风格，土木结构，青砖灰瓦；这里的房屋坐北朝南，柳密竹茂，石板铺就的主街，呈东西走向，百余家店铺，顾客摩肩接踵。因该镇以朱姓为主，原是朱氏家族所筑城池，故称朱城寨。又因古镇紧靠的滠水河，早在商代就是长江流域第一古城——盘龙城，直通王都郑州的黄金水道，河中有一潭清水，深不可测。因此，又称双龙镇为大城潭。

古镇南倚小寨山，北枕大寨山。大寨坐落在三十多米高的北面山顶端，地势陡峭；小寨建在十多米高的南面松林之中，呈不规则的圆形土墩，且濒临滠水。两寨对峙，遥相呼应。如今，大小寨地面暴露遗物有鬲足、口沿、泥质红素面陶等。从标本看，灰陶和红陶各占一半，粗、细绳纹并存，也有素面和弦纹。考古专家称，该城址的历史可追溯到西周至汉代。

在朱镇长的导引下，杜牧跨过架设于护城河（长990米、宽33米）上的石桥，穿过条石砌成城门门楼，进入双龙镇城内，首先拜谒了木兰出生与幼年生活的故居。

故居是一栋九进九重的徽派建筑民居，前有门楼，中有天井，两边是厢房，后是一排排“明三暗六”式的土木砖瓦结构正屋平房。平房内有木板阁楼，楼下堂屋的神龛上，排列着朱若虚、朱天禄与朱木兰的牌位。

主人听说刺史大人来访，专程到阁楼上请出一木盒，在焚香祷告之后，双手从木盒中取出用红绸包裹的唐初版《朱氏宗谱》，然后低头拱手献给杜牧一览。杜牧毕恭毕敬地浴手后，方打开宗谱浏览，但见宗谱上的《若虚公传》中写道：“木兰祖父朱公盈川，名若虚，道号实夫。祖母黄氏，名仪贞，居于湖广黄州府西陵县（今之黄陂县）双龙镇。若虚公天性至孝，善事父母，勤俭持家，和平处世。春耕秋读，积日而月，积月而岁，不数年竟至巨富。当时汉文帝下诏求贤，屡举孝廉。公闻知当朝奸臣专权用事，只推亲老，不肯应诏。惟爱日惜阴，以事父母。遇父母稍有未适之处，便痛加责罚，手书一诗，悬于中堂以自勉。诗曰：'父母养育恩，匪只如天地。天地生万物，父母独私我。'……"[10]果然与木兰庙里慕仁尼姑所说相吻合。

瞻仰了木兰故居后，杜牧又前往镇东的观音寺采风。寺中住持与杜牧进行泼墨交流后，热情地留他在此住了一宿。次日，杜牧一行顺流而下，踏上了归程。

也许是在木兰的精神感召下，全国各地女扮男装的巾帼英雄层出不穷。到了清代关于木兰的姓氏出现了多种版本：或姓木（河南虞城说），或姓花（陕西延安说），或姓魏（安徽亳州说），或姓朱（湖北黄陂说）[11]。有关木兰的籍贯，除湖北黄陂说外，还有河南虞城说、安徽亳州说、陕西延安说、河北完县说、山东任城说等十一种说法。

也许是官方为了统一界定木兰故里，在清代康熙四十年（1701年）至雍正六年（1728年），由康熙皇帝钦赐书名，雍正皇帝写序，由著名大臣和学者陈梦雷、蒋廷锡历时两朝28年编纂的《古今图书集成》，将历代有关木兰将军的史事、山川地志与诗文全部列入"职方典1174卷黄州府郡"[12]。其中收录山川名胜、诗文史事条目颇丰。首先收入的就是《木兰诗》，意即表明木兰诗所叙述的木兰故事发生在黄州之黄陂。换句话说，由皇帝御批的官方大典对木兰作了明确的界定，钦定黄陂为"木兰故里"[13]。

这部被康熙誉为"清朝第一大书"与"中国之瑰宝"的大型类书《古今图书集成》，正文10000卷，目录40卷，共分为5020册，520函，42万余筒子页，1亿6千万字，内容分为6汇编、32典、6117部。是清雍正以前中国历代图书的总汇，也是中国现存最完整、用途最广、规模最大的类书，其规模比《大英百科全书》（第十一版）还要大三四倍，堪称中国古典文化的结晶，人类文化史上的巨著，其权威性毋庸置疑。

在民间流传的木兰传说的多种版本中，清代的版本内容丰富，影响广泛。其中《木兰奇女传》自清光绪四年（1878年）常州乐善堂刻印后，共有7种刻本流传至今。在该书的序文中，修庆氏引用《唐书》的说法，称木兰为西陵（今湖北黄陂）人。他说："予幼读《木兰诗》，观其代父从军，可谓孝矣；立功绝塞，可谓忠矣。后阅《唐书》，言木兰唐女，西陵人，娴弓马，谙韬略，转战沙漠，累大功十二，何其勇也。"[14]这种说法不仅与元代的碑文相吻合，也与明代《焦氏笔乘》与《木兰古传》如出一辙。可谓文献、实物与口传三重证据相映衬，颇具说服力。

正是木兰作为女性寄托的理想对象——一位传奇式的女杰，有文献与实物印证，官民认可，历代相承，并以不同形式在海内外广为传颂。清代戏曲作家王筠在《鹤鸽天》中歌咏道：

闺阁沉理十数年，不能身贵不能仙。
读书每羡班超志，把酒长吟李白篇。

怀壮志，欲冲天，木兰崇暇事无缘。
玉堂金马身无份，好把心情付梦铩[15]。

注释：

1：《大明一统志》，明天顺五年御制；全二册精装版由三秦出版社1990年发行。

2：“牛党”的领袖人物是淮南节度使牛僧孺，“李党”的魁首则是当朝宰相李德裕。

3：见杜牧《黄州刺史谢上表》。

4：[清]同治《黄陂县志·艺文志》。

5、9：民谚整理，收入《芳林美韵·花木兰》（中国言实出版社2006年版）；《木兰古门》（中国文联出版社2006年版）。

6、14：[清]·雪樵主人编，《忠孝勇烈木兰传》，宣统二年孤本；《忠孝勇烈奇女传》自光绪四年（1878年）常州乐善堂刻印后，有7种刻本流传。其中，光绪四年道生堂重刊本，卷首有光绪四年修庆氏所作《序》，卷末有道光七年（1827年）周泄淙题写的《跋》。

7：中华书局2008年5月版。

8：元代至顺年间《汉孝烈将军记》碑文；杜牧：《题木兰庙》，《樊川文集》（何锡光校注），巴蜀书社2007年版；若认定木兰生活在西汉前期的文帝时期，那么生活在西汉后期的昭君（元帝嫔妃），则比木兰要晚一百多年。

10：《忠孝勇烈奇女传》第一回《朱若虚孝弟全天性，朱天锡聪明识童谣》。

11：东晋末、南北朝初的何承天《姓苑》一书认为，花木兰姓木，乃古代端木氏之后。孔子的弟子端木赐（子贡）之后，端木氏曾因避仇而改姓木。子贡原籍鲁国，即今曲阜一带。东晋南北朝时，曲阜曾属任城郡。明代徐渭在《四声猿传奇》中说，花木兰姓花，名木兰。《大明一统志》载：“木兰姓魏，亳州人。唐封孝烈将军。”明代嘉靖三十五年与清代康熙五年《黄陂县志》均载：“木兰，本县朱氏女……假男子代父西征……至今其家犹在木兰山下。”

12：《古今图书集成》，上海中华书局，1934年原铜活字本缩小影印版。

13：皮明庥：《木兰故里在黄陂》，《人民日报·海外版》，2000年5月10日第十版“名流”周刊。

15：见《中国历代妇女文学作品精选集》，中国和平出版社，2000年版。

3.2 拜师习武

木兰的幼年时光，是在双龙镇与牛头山（今木兰山）地区度过的。

在家人眼里，小木兰犹如牛头山上的一朵木兰花，在阳光雨露滋润下，越长越水灵。在祖父朱若虚与父亲朱天禄的调教下，她开始练习书法、接受诗教。接着，又师从佛教高僧与道教道长，练就了一身好功夫。

3.2.1 幼承家学

那时，重男轻女的观念在人们心中根深蒂固，对女子的各种禁锢深入到社会生活的各个方面。诸如，此间的女孩子在幼小的年纪就必须裹脚——中国古代的一种陋习（一说起源于夏商、一说为五代，一说为隋唐），即把女子的双脚用布帛缠裹起来，使其变成为又小又尖的“三寸金莲”。

相传夏、商时期的禹妻、妲已已是“三寸金莲”的小脚。传说殷末纣王的妃子妲已是狐精变的，或说是雉精变的，但是她的脚没有变好，就用布帛裹了起来。由于妲已备受纣王宠爱，宫中女子为得到纣王宠幸，便纷纷效法，均把脚裹起来。自此以后，女子裹脚逐步从皇宫走向民间，“三寸金莲”成为中国古代女子审美的一个重要条件。

可是，木兰的祖父朱若虚与父亲朱天禄，也许是对小木兰特别钟爱，他们不忍心给木兰裹脚，毅然冲破世俗禁锢，让小木兰那双“天足”自由成长。小木兰活像一个假小子。这为她后来练习武功，创造了良好的身体条件。

同时，又因“女孩子是别家的人”观念作怪，古代的一般女子到了入学年龄，接受教育的权利被剥夺了，只能终日守在闺房里练习女红。而满腹经纶的朱若虚，也打破陈规，在木兰三岁时，亲传口授，手把手地教她练习书法。为了激发孙女的学习兴趣，朱若虚就将家藏的光洁如镜的秦砖，以木架支托在堂屋，教孙女蘸水习字。小木兰觉得很新鲜，每天模仿笔画，练字不止。

小木兰的学习兴趣调动起来后，朱若虚便按照《永字八法》的要求，对孙女进行严格训练，仅练执笔一项，就费时半个多月。务必做到“直体端坐，凝神专注，秉笔中正，腕平笔直，五指协力，抽之不去”。不久，便开始练习擘窠大字了。

为了调节一下学习气氛,朱若虚又将教木兰背诵诗文与练习书法交叉进行。哪知，她记忆力惊人，竟过目成诵。到了五岁那年，朱家便请来家庭教师对木兰进行系统调教。

有一天，一位亲友出于好奇，特地拿出《诗经》中的《大雅》、《小雅》的105篇诗，对小木兰进行抽查，结果发现她竟识字千余。

十岁时，小木兰开始研读五经四书，尤其喜欢对句，祖孙、父女、师生之间，常常以日常生活的人或事为题随机问答，她对答如流，且不乏妙语连珠。

朱天禄看在眼里，喜上眉梢，也将朱家武术的基本功，开始传授给爱女。

聪明伶俐的小木兰，喜欢跟随祖父与父亲出席祭祀、庙会、宴会等社交场合。她天真活泼，常常语出惊人，出口成章，赢得了人们的交口称赞，家人也为有这样的千金而感到由衷的自豪。

双龙镇与牛头山是当地著名的宗教圣地。双龙镇的佛教庙宇——观音寺，坐落在大寨山与小寨山之间。这里山不高而秀，水不深而清，遐迩闻名。寺前兰山耸翠，松柏横枕于背后。砂环水转，松茂竹苞，为西陵第一名境。

牛头山的三清殿、玉皇阁等八大道观，则以雄峙于峭壁之上著称。周边州县的信众每年结队而行前来参加庙会，从事法事活动，形成从双龙镇到牛头山的“两点一线”朝觐方式。即春夏之交（农历四月八日）到观音寺祈祷诵经，金秋时节（农历八月初一）到牛头山上“开山门”。

观音寺中的住持醉月长老[1]，以研习佛经见长，并谨守清规，潜心修行，在信众中享有不错的口碑。同时，他还以“耕读”治寺，日率门徒五六十人，春耕秋种，收入颇丰。并将田产的大部分收入设立平民学堂，资助遭受天灾人祸的灾民。

朱若虚曾经给木兰讲过，“醉月”之名取自“醉月伐桂”。即把月亮灌醉，砍伐掉月亮上的桂树。引申意为：通过身经九九八十一难的不懈努力，最后终于蟾宫折桂，取得成功。

每年农历四月初八日，即佛祖诞辰之日，醉月长老在此举行隆重的法事活动。四方道德高僧与信众纷纷云集于此，聆听醉月主讲佛教经义，进行宗教交流。小木兰也跟着大人前去凑热闹。

据清光绪四年（1878年）常州乐善堂刻印本《忠孝勇烈奇女传》记载，有一年农历四月初八，双龙镇及其周边的四方善士迎来了大悟山的佛家高僧丧吾和尚[2]。

丧吾和尚俗名伍云召，原是驰骋沙场的一名宿将，因看不惯奸臣当道而遁入空门。由于他潜心向佛，虔诚修行，乐善好施，一跃成为蜚声佛教界的道德高僧。

3.2.2高僧对诗

当木兰得知祖父与丧吾高僧相识，在高僧到来之时，小木兰就缠着祖父给她讲述有关丧吾的故事。朱若虚就给孙女娓娓道来关于丧吾与大悟山的传说——

大悟山原名少华山，属大别山支脉，海拔813米，横跨两州三郡县：北锁豫州信阳，东扼荆州西陵（今湖北黄陂），南控荆州孝感，面积约30平方公里。主体山峰常年云雾缭绕，紫气氤氲；山中自然景观美不胜收，人文古迹处处可见，每每令导访者屐痕如织，流连忘返。

民间传说，原南阳王伍云昭不愿与朝廷同流合污，被官兵追杀到少华山万丈悬崖，无路可逃，便长叹一声“天绝我也”，纵身跳下，幸好被崖下洞中老道所救。后来伍云昭觉此山雄奇不凡，远离尘世，居之使人超然物外，便在此落发为僧，法号“丧吾”。

丧吾和尚初来此山时，始居道人洞。丧吾在洞内打禅念经时，洞口两旁各侍立一只老虎相伴。恰在此时，山中八位猎户打猎至此，亲眼目睹了此情此景，莫不惊异不已，皆认为丧吾和尚定是得道高人，遂俱拜丧吾为师，一并出家，专心事佛。

随着广结善缘，僧人愈来愈多，香火旺盛，丧吾和尚打算在少华山这块风水宝地扩建庙宇、弘扬佛学。一日，丧吾和尚请来少华山周边的绅士，商量此事。他拱手对各位绅士说：“贫僧意欲坐禅于此，想借贵乡一方宝地，还要仰仗各位玉成！”众乡绅说：“不知大师需土地几何？敝等亦好合计合计。”丧吾和尚神秘一笑，答道：“贫僧只需这件袈裟所能覆及的一块地方！”众乡绅深感意外，转而心念一动：不管丧吾和尚神通如此广大，量他一件袈裟能盖住多大地方？于是齐声说道：“这有何难？大师请自便好了，还有劳大师悦意相请。”丧吾和尚双手合十，朗声念道：“阿弥陀佛！善哉，善哉！”只见他脱下袈裟，双手擎起，闭目默念数句，然后使劲往空中抛去。说来也是奇神无比，随着那件紫红袈裟在空中越升越高，袈裟也随之越变越大，成为一面巨大的袈裟伞，最后竟把整座少华山给罩住了！不一会儿，又慢慢缩小、飘落，待飘回丧吾手中时，仍是原样大小。于是，丧吾重新穿上袈裟，复又合十念道：“多谢，多谢！承蒙各位雅意，阿弥陀佛！善哉，善哉！”看那众乡绅，顿时一个个目瞪口呆，一会儿则哈哈大笑。

接下来，丧吾在少华山金顶始建九龙禅寺。从此，少华山便与佛教结缘，后来少华山的佛事虽几经兴衰，但仍绵延不绝、香火旺盛。他自起法号“丧吾”，在少华山清心崖静心修持而悟道，遂将少华山改名为“大悟山”。自此，大悟山的名称便沿袭至今，大悟山更是成为佛教圣地。

当丧吾和尚在大悟山着手修建寺庙时，慕名而来的僧人愈来愈多，大悟山佛事呈兴旺之势。丧吾和尚亲自主持规划、修建寺庙，建成禅房99间。飞檐斗拱，气势雄伟。传说当初修寺庙时，所需的大量杉木是从佛堂内一口水井里扯起来的。据说，大悟山在秦时还是一片汪洋之地，秦始皇征发千千万万劳动人民“移南山，填北海”时，老百姓挑着沉重的土筐往返千里，困苦不堪，不少人因此而累死。观音菩萨发现了，大动恻隐之心，决定解救百姓苦难。于是暗暗把所有百姓土筐的绳系换成了一种丝线，老百姓挑起土来，行走如风，再沉的担子也觉得不再吃力了。消息传到秦始皇那里，他颇觉奇怪，命人把所有土筐上的丝线收集起来，制成了一根“赶山鞭”。他用这根“赶山鞭”一挥，一座山瞬间就被赶走了。于是，他下令不再让百姓挑土，只用“赶山鞭”便把“南山”移往北方，填起了“北海”。这大悟山便是被“赶”来的，山底下当然是被填起的大海了，只是仍留着一处“海眼”，直通大海，这便是佛堂内那口水井了。

当修建寺庙的工匠遵照丧吾和尚的吩咐到水井旁探视时，发现井里真有一根粗圆杉木，疑惑间有人把它扯上来了。待回头再看时，井里居然还有一根杉木，于是又扯上来，再探头看去，井里仍有一根。如此往复循环，人们这才知道这井里的杉木是扯不完的。

待工程即将竣工时，有人说了句："不再要树了，够了！"此后，井里就不复有杉木了。至于这井中缘何有杉木，众人百思不得其解。有人猜测，也许是丧吾和尚施行法力，从东海经大悟山"海眼"水井调来的。

寺庙建成后，大悟山更是香火旺盛，声名远播，前来朝山敬佛者更是络绎不绝。

小木兰听着听着，被丧吾和尚的神奇传说所吸引，她决定趁大师此次前来双龙镇参加法事活动之机，前往观音堂一睹大师的风采。只是当时的清规戒律规定，善男信女不能同堂参加法事活动。所以，观音寺事先广而告之：当日上午由丧吾和尚为善男讲座时段，下午则由醉月长老为信女讲座专场。

是日上午，众僧簇拥着丧吾和尚参佛升座。但见他头戴玉佛冠，身披大红袈裟，足踏云鞋，坐定后口中念念有词：

无生父母，净土家乡。
生我没我，空作昂藏。
认取归路兮，莫彷徨[3]。

丧吾和尚吟诵完毕，大堂顿时鸦雀无声，左右僧士与信众均无人应对。于是，和尚依然闭目，以"我""大道""月""水"为题，吟咏道：

未生我兮谁为主，既生我兮主我谁？
大道不明空费力，水中明月自修持。

以往的讲座，丧吾吟咏后，听众中一般无人应对，他会继续讲座。哪知，当天丧吾和尚话音刚落，只见信众中走出了一位翩翩少年。他，头戴青巾，身穿蓝衫，年纪不过十岁。步至禅座下，合掌作揖，毕恭毕敬地对着丧吾高僧答道：

未生我兮天为主，既生我兮心为主。
大道若明不费力，水中明月好精神。

丧吾高僧虽然双目紧闭，但他从这天真童音判断，极有可能是一位风华少年。丧吾不禁满心欢喜，所以，他接着“水中明月好精神”，赞扬少年如“万点星”。他吟咏道：

水中明月好精神，风送波摇万点星。
不尽浮云蔽月色，清池里面影沉沉。

少年听在耳里，铭记心头，对长老的文采与道德修养更是暗暗称奇。若有所思后，少年以“性静如水慧如月”之七言诗，既是对长老的应答，也是对高僧的赞称。诗云：

性静如水慧如月，六欲不生万念寂。
浮云生灭空往来，寥寥太虚无挂碍。

丧吾高僧听后不禁一惊，这少年竟如此文思泉涌，出口成章！为了继续考考其诗词歌赋的唱和能力，丧吾便以“龙”“虎”“莲”“家”等关键字，即席口占一首五言禅诗：

龙从火里出，虎向水中生。
九叶莲台上，自度自家人。

小男生仔细聆听，他并未机械地以五言诗应对，而是灵机一动，通过“龙”“虎”“水”“火”步其原韵“出”“生”“人”，以七言诗慨然奉和，阐发“莲花”在心中。诗云：

心中炼性龙火出，
性中立命虎水生。
心花灿烂莲花生，
元神却是自家人。

如此信手拈来，再次打动丧吾高僧，丧吾连声称赞道：“善哉，善哉！神童也！”但他又觉得这位少年似乎是女扮男装。于是，他通过吟诗提问，希望少年去掉头巾，让大家一睹真容。丧吾口占道：

元神真又真，空寂见无生。
返我真面目，净土好安身。

机敏的少年听到“返我真面目”这一句时，唯恐大师识破自己的庐山真面目，便一边作揖，一边悄悄地缓缓而退，随后从侧门溜之大吉。

这位与名僧对答如流的小男生不是别人，就是女扮男妆的朱木兰。原来，木兰为了既想上午一睹丧吾和尚的风采，又想聆听下午醉月长老诵经。所以，她就进行一番乔装打扮入场。这也许是木兰首次在公开场合乔装打扮、女扮男装。

正是这次机缘，木兰成为丧吾和尚等人的嫡传弟子。

3.2.3师从佛道

丧吾和尚此次来到西陵（今黄陂）双龙镇，除参加观音寺的法事活动外，还将拜访老友朱若虚，以及前往牛头山云游，并出席“开山门”仪式。他将在西陵逗留半年时间。

观音堂法事活动结束的次日，朱天禄将军代表父亲朱若虚，以东道主身份宴请丧吾和尚，并请醉月长老与牛头山东泉庵的住持铁冠道人作陪。

宴会开始前，朱若虚特地让孙女小木兰一一拜见三位大师。丧吾大师见小丫头口齿伶俐，气度非凡，便有意识地与她交谈，测试一下她对句的应变能力如何。不试不知道，他一试竟听到一个熟悉的声音。正待他开口询问之时，小木兰一骨碌地跪在地上，主动向大师承认自己女扮男装参加法事活动的失礼。弄得朱若虚、朱天禄父子顿时“丈二和尚——摸不着头脑”。

丧吾大师连忙扯起跪在地上的小木兰，一边向大家介绍他们在法堂妙语连珠的情景，一边盛赞朱氏父子养了一个小精灵，将来必成大器。

朱若虚、朱天禄这才恍然大悟，喜不自胜。朱若虚就来一个顺水推舟，要求老友丧吾收孙女为徒。

以丧吾和尚的武功，素来只传男不传女，但此次老友相托，小木兰又如此聪明伶俐，所以，他不仅打破常规，当即满口应承，而且要求在场的醉月长老与铁冠道人一同收木兰为弟子。其理由是，他毕竟只能在此逗留半年时间，而醉月长老与铁冠道人则是当地人，调教起来方便。

醉月长老与铁冠道人早就知道这个小精灵，是一个练习武功的好材料，只是不知朱家意思。今天见丧吾如此引介，他们均欣然应允。于是，朱若虚当即安排，按照当地的规矩，举行了正式的拜师仪式。

但见木兰手捧祖父准备的“门生帖”，即一张红色请柬，上面写着“朱木兰”的名字，表明愿随三位师傅学艺，从此将认真刻苦，不辱没师傅名声。然后跪地向丧吾和尚、铁冠道人与醉月长老师傅敬茶，接着先向佛教与道教的祖师爷敬香、磕头，然后分别给三位师傅叩了三个响头，并一一奉上一封“红包”。自此，她一下子有了佛教与道教的三位师傅了[4]。

受人之托，忠人之事。丧吾和尚在双龙镇小住期间，每天清晨起来，就对小木兰悉心调教。

丧吾除与木兰研习诗词格律、平仄与诗韵外，还重点教练其武功——大悟拳（后来人们称之为“木兰拳”）[5]。此拳将太极拳基本功、气功要领、武术技击基本功、体操基本功有机结合，以吐纳之道和阴阳二气之理，动静结合。在动的过程中，让思想随着意守拳路而自然入静，从而达到防身健体养生之目的。

由于木兰悟性好，再加上祖父与父亲给她打下良好基础，所以进步神速。短短几个月的时间，她不仅基本上掌握了大悟拳的要领，而且丧吾还将当年沙场征战的骑射要义传授给她。

而醉月长老与丧吾和尚师出同门，在丧吾离开双龙镇后，醉月除继续指导木兰严格训练大悟拳外，还传授他独创的醉月拳术（即“醉拳”，相传后来演绎为“少林醉拳”）[6]。

相传醉月拳术是象形拳的一种，它是以醉形醉态和攻防技法融合而成的拳术。基本手型为端手法，有点、击、掐、闯、压、格、带、缠；基本步法有提步、碎步、盖步、撒步、碾步、击步、八字步、梅花步等；身法要求拧、旋、俯、仰、左摇右摆。运动特点表现为架高步快，常以快速碎步移动撑住身体，体现出跌功、撞功的醉汉形态，在形无规矩，实有数的碎步中，暗看、勾绊、缠、蹬等腿法。

木兰在练习醉拳时，严格按醉月师傅的要求：“形醉意不醉，步醉心不醉。”以醉迷惑对手，而不是陶醉自己，步醉而快急，但不飘浮；腰活身摆，但头不乱摇；

以期达到在欲跌的醉意中随意变转，逢击而避，乘隙而入。木兰还注重通过看、瞄、瞟、痴等多种眼法，来配合醉态的表现，迷惑引诱对手，为声东击西作准备。不仅如此，她还汲取了地趟拳中腾空、摔跌、臣地、滚转等动作，增加了醉形的表现手法，将醉拳的微醉、狂醉、烂醉与醉醒等四个层次的象形动作表现得淋漓尽致，深受醉月钟爱。

当木兰的拳术与骑射练成之后，朱天禄带木兰参加牛头山“开山门”，寄宿到铁冠道人处为时半月，木兰又在那儿学习道家剑术。

剑为百刃之君。古今之剑，虽然时隔千载，文物价值不同，政治含义迥异，但所传达的都是深植人心的中华剑文化：或保家卫国之圣品，人神咸崇；或行仁仗义之利器，锄恶扬善。铁冠道人的剑术特点是以牛头山为舞台，将剑术与山势融为一体。行话将其解读为“术剑”与“道剑”相结合。

所谓术剑，即有形有象之剑，以特殊方法制成，用以抵御外侮；道剑者，先天一气也，为无形无象、生养天地的太和元气。铁冠道人以法凝结此浩然刚大之气，以此透金石、贯鱼鲁，沛然莫之能御。这既是武学之“神勇”至境，又是仙学“神仙”之地步。

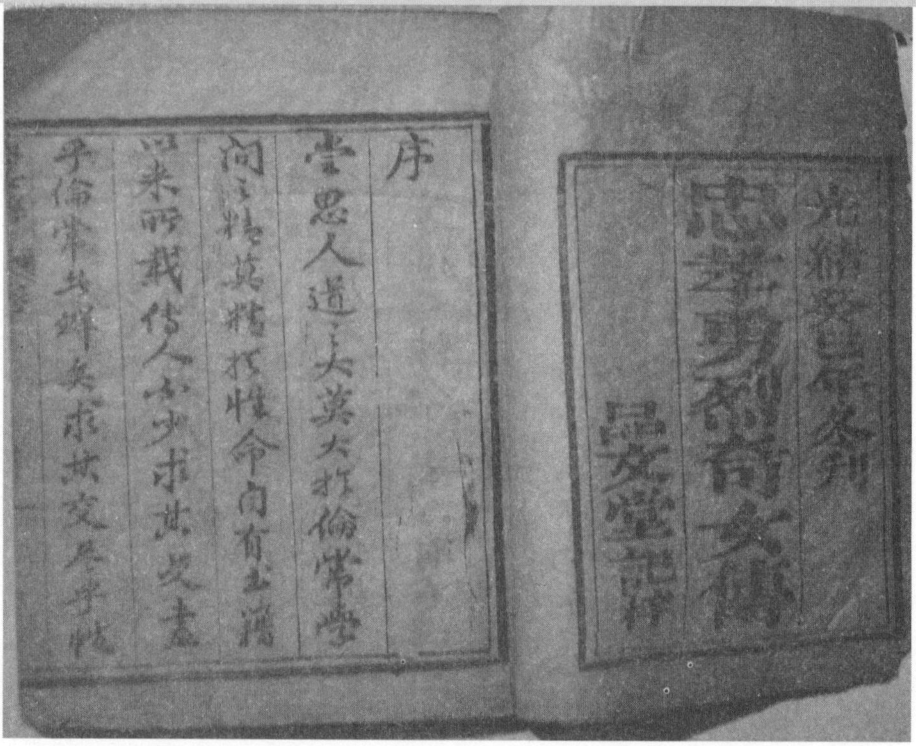

在铁冠道人的悉心指教下，木兰重点研习了黄元吉真人之《道德经注释》及《乐育堂语录》中的“铸剑”之论，潜合“道剑”之理。意在突破“杀手”的层次，重在升华“剑客”之道：服食元和，驭天地六和之正，飘然世外。

不仅如此，由于木兰此前有两位佛家师傅心传口授，在练剑的过程中，耳边仿佛响起佛家术语之说：“剑仙之剑，是后天有形之剑，是小乘语，不了义语；是先天无形之剑，最上乘语，了义语。”天长日久，她将佛家剑理渐渐融入铁冠道人的剑术之中，升华为“仙剑”。后世称她的剑术为“木兰剑”[7]。

牛头山宗教丛林的一大特色是佛教与道教合一。两教以南天门为界，南天门以下的庙宇背面靠山，前门面对西面的仙河水，意为面朝西方极乐世界。又给人以四平八稳的感觉。此乃佛教修炼的场所。南天门以上是道教的殿堂。只见一座座庙宇雄峙于绝壁之上，庙尖衔云朵，丹崖飞岫烟，犹如神仙的境界。给人以无限风光在险峰的印象。两教既境界分明，又和睦相处，世代相传，给人以“佛中有道，道中有佛”的韵味。

有一天，木兰在牛头山正北的一座千仞的绝壁上练功。她仰望蔚蓝的天空，白云悠悠；近观崖上，阳光普照，崖下却浓雾滚涌，云雾缭绕，云蒸霞蔚。峭壁往南是一片密密麻麻的灌木丛，夹杂着一些小块草地。木兰在练习拳术时，一不小心被茅草的叶片划开了右手指头，鲜血涌流出来。她赶忙用手按住流血的指头，来到北山阴坡，寻找半枝莲止血。

正在这时，忽闻山上传来一个少年的哭泣声，木兰寻声跑去一看，原来是牧童放牧，一只小羊不慎坠落崖下。牧童怕东家责怪，失声痛哭。木兰顾不上伤痛，连忙登上山顶，朝下望去，只见那只小羊恰好落在绝壁上的一棵树枝上。为了救小羊，她用绳索系在腰间，攀藤蹬壁，抓住小羊，将小羊用绳系好，便招呼牧童往上拉。哪知牧童年幼力小，拉不上去。木兰使劲用手往上顶送，谁知用力过猛，松枝折断。小羊被拉上了崖顶，木兰却随着松树往下滚。牧童连声呼喊：“救人啦！救人啦！”

这呼喊声惊动了云游到此的观世音菩萨。观音菩萨把云帚轻轻一挥，满天白云一起涌到崖下，托住木兰。观音菩萨接着又挥舞了几下云帚，白云纷纷向上翻滚，将木兰平平稳稳地向上送。木兰就势攀上一棵树枝，纵身一跳，跃上了崖头。牧童一见木兰，连忙擦拭眼泪，鞠躬道谢。

木兰站着思忖一会，说她在山间习武时，看见松树旁的崖壁里有盘龙参，要去挖来给村里细妹的爹治病。牧童担心地说：“那样很危险，一定要小心！”木兰这回将绳子一头紧系在崖壁的一棵粗树上，再往下滑。这时，一团团白云也涌过来，像一朵朵莲花宝座托住木兰。她兴奋地对牧童喊道：“我找到盘龙参了！”一拔参，忽然传来一阵山石滚动的巨响。原来，托住盘龙参的那块巨石坠落了，木兰像荡秋千一样悬在半空。这时，白云莲座涌过来，像一顶轿子一样，把木兰送上崖顶。木兰拿着盘龙参，喜滋滋地送到细妹家。

从此以后，救助木兰上山的几朵白云，为木兰助人的美德所感动，不愿飘去。直至现在，那里依旧白云翻滚，四季缭绕。人们为了纪念木兰，把山北这座高耸的危崖取名舍身崖。此名一直沿用至今，而且成为木兰山一景。

3.2.4驯服公牛

在木兰进入十三四岁花季的时候，已是刀枪剑戟无所不会，有时候还驾驭一头公牛到形似耕牛脊骨之崇山峻岭——牛脊岭一带，练习骑射，舞棒弄剑。不论是何种牲口，不管它是何等的桀骜不驯，她都要坐上去驾驭一番，直到牲口驯服为止——

事情是这样的。相传有一天，木兰练功之余，在双龙镇的大城潭边小歇，突然看到一个老农，正为一头脱缰的公牛发愁。她立即走上前去安慰道："老爹，别急，别急，我帮您老去追！"

"木兰姑娘，你千万别去！那畜生凶暴蛮横，到时候伤着了你，我可不好向将军交代呀！"

"老爹，您放心，我学过骑射武功，畜牲不仅伤不了我，我还可以驯服它；即使是我受伤了，也不要您老人家负责。"

就在老农半信半疑之际，木兰"飕"的一声，一个健步腾跃而起，正好端坐在那头脱缰的公牛牛背上。

顿时，公牛如惊弓之鸟，一边"哞，哞，哞"地狂啸，一边摇头摆尾，奋蹄飞奔。木兰没想到这头公牛比烈马还凶猛，竟一下子摔了下来。

"哎呀！我的姑奶奶，这可怎么办呀！"老农在那里急得直跺脚。

说时迟那时快，木兰一个跟斗跃上牛背，公牛再次怒吼，并企图舞动牛角来刺木兰。

木兰一手抓住缰绳，一手挥舞着马鞭"啪，啪，啪"，抽打得公牛招架不住。公牛只有故技重演，企图奋蹄狂奔把木兰摔下来。只见木兰匍匐着身子，两腿紧夹牛腹，鞭声有节奏地响着，任凭公牛风驰电掣地跋山涉水，她如稳坐钓鱼台一般。

公牛只顾狂奔，不知不觉来到五六里地的一座崇山峻岭悬崖边，眼看木兰与公牛就要葬身悬崖了。

正在这千钧一发的紧要关头，正好被路过于此的观世音菩萨看到了，便立即降下一朵祥云把木兰与公牛搭救了。

本来观音菩萨要将那桀骜不驯的公牛压在大山之下，惩罚它800年。木兰好言细语向观音菩萨讲情，愿将公牛驯服为坐骑，观音才改变初衷，将公牛交给木兰处理。

公牛为了报答木兰的恩情，从此便成为伴随木兰左右、在崇山峻岭里练骑射的坐骑了。于是，木兰又给老爹买了一头健壮的耕牛，自己每天清晨骑着公牛到此练功，傍晚归宿双龙镇。

这头公牛死后，观世音菩萨为了让公牛与木兰为伴，就将公牛化作“一山两岭”，即牛头变为牛头山（现为木兰山）、牛身变为牛脊岭，牛脖子变成长轩岭（今长轩岭镇），牛尾巴与大别山相连，形成牛身、牛头与牛脖三面环抱双龙镇的景观。其中的牛脊岭南北长约30公里，连接着古时的豫州（今河南信阳）与荆州（今湖北黄陂、孝感）相邻的三个县，海拔441. 5米，是当地最大山脉之一。有诗为证：

牛脊岭上走风雷，木兰乘风下翠微。
神弓一响公牛啸，彩霞万朵双龙归[8]。

注释：

1、2、4：裴高才：《芳林美韵·花木兰》，中国言实出版社与武汉出版社，2006年版。

3：本小节之诗词全部引自《忠孝勇烈奇女传》之第九回《观音寺丧吾说法，白莲池九贤赋诗》，清光绪四年（1878年）常州乐善堂刻印本。

5：应美凤：《木兰拳》，同济大学出版社，1991年版。

6：李建新：《中华醉拳》，人民体育出版社，2010年版。

7：合肥市武术协会编著《木兰剑》，安徽科学技术出版，2003年版。

邱丕相：《教好练好木兰剑》，人民体育出版社2010年8月版。

8：裴高才：《牛脊岭上走风雷》，《芳草》，2004年第12期。

3.3 请缨出征

战时出英雄。木兰的青少年时期，是西汉王朝与匈奴战与和的交融时期。

那时的北方匈奴已经马肥兵壮，开始对大汉王朝虎视眈眈。自刘邦平城被围、采纳娄敬的和亲之计以来，主要是用联姻并赠送大量礼物的办法，维系汉朝与匈奴表面和睦的关系。但匈奴亡汉之心不死，隔三差五违反盟约，在汉文帝执政时多次犯边。

汉文帝时，特别提倡孝道。汉文帝本身就是一位孝子，他任用孔武为博士，提倡以孝治天下。木兰代替从军就是在这样的社会文化的大背景下发生的。

3.3.1汉匈失和

汉文帝刘恒即位之初，因立足未稳，只好继续与匈奴和亲，以稳固西汉皇朝政权。文帝三年（公元前177 年）五月，匈奴的“鹰派”人物急不可耐，悍然破坏和亲之约，由右贤王率数万铁骑大举入塞，攻城略地，占据西汉的“河南”（指河套地区黄河以南）[1]地区。汉文帝刘恒愤然下诏，指责匈奴的侵扰行为，公然违背和亲之约[2]，并派遣丞相灌婴带八万人马奋起反击，赶跑了匈奴骑兵。接着，文帝又加强长安的驻军，以保卫京师。第二年，匈奴冒顿单于来书要求复和亲之好。汉朝考虑到匈奴势力正盛，乃许和亲。文帝六年（公元前174 年），刘恒修书给冒顿单于，赞许其愿意和亲的态度，但要求他守信而不可负约。

事隔不久，冒顿去世，其子稽粥继位，号称老上单于。汉文帝以宗室女子为公主，嫁给匈奴为单于阏氏，并派宦官中行说为特使送去和亲。岂料，中行说竟卖主求荣，投降了匈奴，充当单于南侵的爪牙。

文帝十四年（公元前166 年）冬，匈奴单于领十四万铁骑入朝那萧关，杀了北地都尉孙卬，掳掠民众畜产财物无数。文帝真可谓赔了夫人又折兵。

是可忍孰不可忍。文帝立即点将三位大将军带兵分驻陇西、北地、上郡，又派中尉周舍为卫将军、郎中令张武为车骑将军，带骑兵十万人，驻于长安近旁以防匈奴。文帝亲自慰劳军队，视察演习，申明军令，赏赐将士。他本想御驾亲征，因被大臣劝阻而止。于是，文帝以东阳侯张相如为大将军统兵征伐。同时下诏各地调兵遣将，一方面组织援军赶赴边境，反击匈奴；另一方面，采纳了晁错的建议，移民于北方边塞[3]，使其平时屯田务农，战时或奔赴战场，或当好后勤，加强了边疆的防守力量。

那一年的木兰已经进入十六岁花季，每天必做的功课是清晨起来练武，白天种地采桑，夜晚常借明月青灯跟着母亲纺线织布，挑花绣朵。木兰千梭万梭织出的花纹棉布，千针万线绣出的朵朵木兰花，犹如漫天的彩云绚丽多彩。双龙镇的中老年妇女与年轻的姑娘们都交口称赞：我们朱家花姑的那双手，比天上的织女还要灵巧。

作为掌管着保一方平安的地方部队的将军，朱天禄素以忠于职守著称，日习弓马，训练士卒，夜缉盗贼，一境安泰，黎民称颂。

无奈岁月不饶人，年逾花甲的他，因身染伤寒，竟卧床月余不起。多方寻医问诊，仍不见好转。有一天，木兰突然想到丧吾大师精通中医，便与官佐朱明一同前往

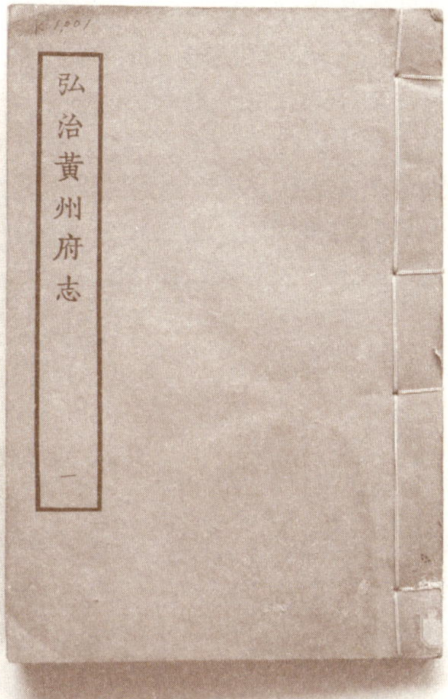

恭迎大师。丧吾见木兰前来报信，觉得老朋友定是病得不轻，于是快马加鞭迅速赶来。他在内室为天禄把脉后道：“老兄此病乃内外兼伤，未可痊愈。我暂且留下为兄调理数日，观察一下疗效。而且一路上还获悉，木兰孙儿这些时在园中学习弓马。老僧曾学得一种枪法，我正好趁此机会传授给木兰。”

丧吾师傅能够留在家里照顾生病的父亲，并且能每天指导自己练习枪法，木兰当然十分高兴。接连数日，丧吾一边为天禄治病，一边教木兰练习七十二路枪法，忙得不亦乐乎。每天早晚，木兰在师傅的教导下，勤学苦练，枪法练得非常娴熟。由于好友悉心治疗，再加上木兰在床前，或奉汤药，或奉茶水[4]，天禄的精神状况好多了。丧吾为了采仙药给天禄治病，不日就前往牛头山会铁冠道人去了。

3.3.2兵书骤到

几天后，朱天禄家里热闹非凡，飞骑从早到晚如车水马龙，一连送来了十二道兵书。原来是匈奴犯边，军情十万火急，朝廷点将，命朱天禄挂印出征，火速率兵到江夏郡集结。

朱天禄明白，养兵千日，用兵一时。作为军人，战时上阵杀敌是自己义不容辞的责任。问题是他一直重病不起，如果一个病老虎赶鸭子上架，不仅抗敌无功，而且有辱君命。

军情紧急，非同儿戏，天禄仍在夫人的搀扶下，十分吃力地起床。当他颤巍巍地一迈步却头重足轻，好不容易一步一颤，才挪动到卧房太师椅上，已是一身冷汗。他那颤抖的双手拿着兵书，暗暗发愁，不由自主地喃喃自语：天下兴亡，匹夫有责。我这老骨头怎么这样不争气呢？自己若在沙场马革裹尸，当然死得其所，但如丧师失地，却是有丧国运之大事啊！

夫人赵桂珍见丈夫如此痛苦的样子，心里十分难过。她在一旁自怨自艾道：只怪妾身的肚子不争气，没有为夫君生育一个男儿。不然，现在可以子顶父职，为国效忠了。

那时的女子一般到了十四五岁，就得谈婚论嫁。故此时此刻，木兰正在闺中聚精会神地练习女红、赶制嫁妆，对兵书接二连三到达朱家，以及病房中父母焦躁不安的状况，一无所知。

当木兰见母亲在病房里半天没出来，就立即放下织布的梭子，前往看个究竟。她看到的是患病的父亲又添新愁，母亲也在一旁愁眉不展。于是，她迫不及待地从父亲手里抢过兵书，打开一看，方知北方形势吃紧，朝廷命令江夏郡火速派兵奔赴前线增援，而朱天禄所部又是江夏的一支劲旅，所以太守立刻向朝廷举荐由天禄挂帅出征。

木兰顿时傻了眼，她哪有心事织布、筹办嫁妆。于是，她手持兵书在闺房与堂屋之间来回走动，不停地叹息道：如果现在让年迈多病的父亲上前线的话，与其说是去尽忠，倒不如说是去送死，更不能达到御敌戍边之目的呀！有唐代韦元甫作《木兰歌》纪其事。歌云：

木兰抱杼嗟，借问复为谁。
欲闻所戚戚，感激强其颜。
老父隶兵籍，气力日衰耗。
岂足万里行，有子复尚少。
胡沙没马足，朔风裂人肤。
老父旧羸病，何以强自扶。
……

3.3.3 代父从军

在军营中长大的木兰知道，兵书就是命令，违命者立斩！现在的问题是必须找到一个合适的人代父出征。而木兰既没有哥哥，也没有弟弟，家中的直系亲属中，除父亲外没有男性。在旁系亲属中，虽然有两个堂兄，但都是文士，弟弟年幼，难以担当此任。现在看来，这个责任只有自己代父完成了。因为自己已经长大成人，且学有一身武艺，为何不去一试身手呢？这正是：

唧唧复唧唧，木兰当户织。不闻机杼声，惟闻女叹息。
问女何所思？问女何所忆？女亦无所思，女亦无所忆。
昨夜见军帖，可汗大点兵，军书十二卷，卷卷有爷名。
阿爷无大儿，木兰无长兄，愿为市鞍马，从此替爷征[5]。

于是，木兰瞒着父母悄悄出门，心急火燎地跑到观音寺找醉月长老，把自己替父从军的想法向年长的师傅一吐为快。

醉月长老一边聆听木兰倾吐心曲，一边打量着已经长大的徒儿。顿时，他被木兰为国尽忠、为父尽孝的义举所震撼，只是当时的军队没有女兵建制，他为徒儿捏一把汗。所以，他对木兰说：“徒儿精忠报国、为父分忧的想法，可谓忠孝两全，令老衲感动。为师要提醒你的是，眼下军中招男不招女呀！”

“朝廷不招女兵，我就女扮男装。”有备而来的木兰斩钉截铁地回答。

“如果你的身份一旦暴露，这可是欺君的大罪，届时朝廷治你的罪，你又如何应对，家人岂不为你担忧？”醉月再次劝说道。

“我现在最关心的是，家父如果不出征，就有性命之虞。即使是一旦朝廷治我的

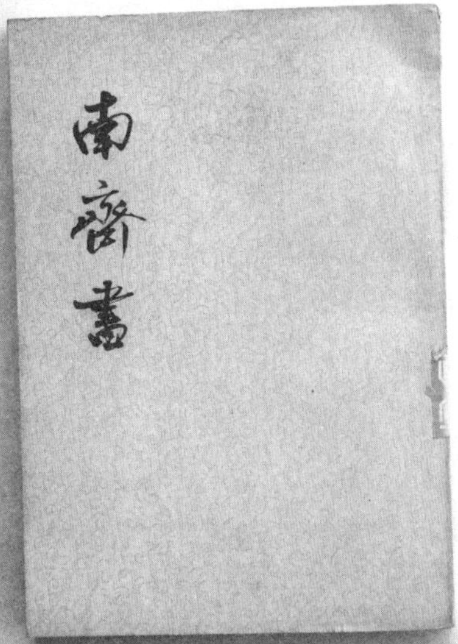

罪，哪怕是抛头颅，我觉得也不白活一场，死得其所！”木兰滔滔不绝地说。

“那你以女儿之身，独自长年在外征战，多有不便。你想过没有？”

“我现在是救场如救火，只有全力以赴应付眼前十万火急的事。至于其他的事，我就不管那么多了。”

醉月一时说服不了木兰。他一面借故让木兰上牛头山，去找二师傅铁冠道人商量，一面立马派人乘飞骑出发，直上牛头山，让铁冠道人留住在此的大悟山高僧丧吾和尚，让他来现身说法。因为丧吾和尚是武将出身，即使说服不了木兰，也能为她出征出谋划策。

木兰告别醉月和尚，立即回去给家里打个招呼，然后也策马扬鞭来到牛头山，向铁冠道人说出了自己代父从军的想法。

因为铁冠道人在木兰到达以前，已经接到醉月长老的来信，故铁冠道人首先王顾左右而言他地说：“木兰，有人说儒家入世，佛教出世，道家遁世。你同意这种说法吗？”

“师傅，我心急如焚跑来，是请您拿主意的，哪有心思听您老人家坐而论道呀！”木兰十分焦急地说。

“徒儿莫急！我并非王顾左右而言他，而是你出征必备的。”铁冠道人连说带笑地说。

“出征必备？听师傅的口气，是不是已经同意我出征了？”

“徒儿，你可知道，我们道家素来是主张以‘以正治国,以奇用兵’[6]的。上阵杀敌，不可不谈《孙子兵法》。你可曾会用哪一计？会布何种阵法？”

“《孙子兵法》倒是走马观花地浏览过，但却是囫囵吞枣，只有靖松师傅给我讲过庞涓与孙膑的故事！丧吾师傅也给我讲解过一部分。”

原来生性活泼的木兰，自从拜了双龙镇与牛头山上两教的方丈和道长为师后，经常到牛头山上练习武功。有一次云游至此的佛教高僧丧吾和尚介绍，五台山白云庵的靖松道人也收其为关门弟子。

靖松俗姓时，名长青，曾与军中著名将领伍云召同营为官，有八拜之交。因看破红尘，乃弃官修道，在五台山养性炼神。因此木兰又得到了佛、道两教四位师傅的真传。

靖松道人在牛头山期间，每天均有一对男女道童在清晨将木兰携出闺房，她们就在牛头山天池旁的奇峰怪石之间，教木兰腾挪跳跃，抡枪舞剑演练诸般兵器及步战骑射之术。时而又有面目慈和、神容端肃者，前来为她们讲述龙韬虎略，兵法战阵。

铁冠道人说："徒儿啊，《孙子兵法》奥妙无穷，我虽也曾研读过，但只是一知半解，更没有实践。正好丧吾高僧今天刚刚下山，明晨才能回来。他既有理论，又有作战实践，届时可让他再给你补好这一课。依我看，徒儿今天已经非常劳累了，不妨就在此歇息等候你丧吾师傅，如何？"

木兰听说丧吾师傅明天就回牛头山，她当然求之不得面呈，并当面请教排兵布阵之法。丧吾和尚接报说，木兰即将代父从军后，就风尘仆仆地赶到牛头山，专门给她讲完了三十六计。

据传，有一天，从武当山到牛头山云游的道家祖师爷真武大帝，也亲自在棋盘石上通过对弈棋局，给小木兰传授布阵之道。后来木兰女扮男装挂帅出征，在边关使用最多的计谋，就是在对弈中向祖师爷学得的那招"调虎离山"之计。

他们师徒告别时，丧吾说："徒儿之义举，与我佛之宗旨趋同，为师虽然赞同，但此举乃国事、家事，事事非得你双亲之同意不可呀！"

丧吾和尚同时表示，一旦木兰代父出征成行，他将把昔日自己抗敌用过的一副心爱的马鞍送给木兰。

再说朱天禄老将军强打起精神起来坐在大堂的太师椅上，正在为出征犯疑之际，耳畔忽听得童声稚气的一声呼唤："末将拜上朱老将军，请缨赴边御敌！"

老将军抬起头来，只觉眼前一亮：堂上已拜倒一位银盔银甲的玉面少年将佐！

他一下子愣住了，便立即吩咐少年走到案前，仔细打量这少年将佐一番。不禁暗暗纳闷：奇怪呀！这少年非自己帐下所属将佐啊！或者是自己帐下哪位僚属的子侄辈吧？不会！他对属下官佐的情况太了解了。但也没听说过附近哪个村寨有如此虎子将苗啊？老将军惊疑参半地问道："小将军，你是何方人氏，可是前来投军？"

这少年将佐站直了身子，抱拳一揖道："末将乃牛头山下，双龙镇朱老将军之子，朱木兰是也。今边关多事，特请求代父从军，赴边杀敌，报效国家！"

老将军终于从愣怔中回过味来，不由得"哈哈"大笑。心想：这顽皮丫头若真是个小子，说不定也真可代父从军，扬我将门虎威。但可惜她是个女儿身，遂将脸一沉道："这是军机大事，非尔等戏耍顽皮之地，快到后花园去吧！"

但这闺女并不惧乃父威严，走过来挽着父亲的双臂恳求道："父亲，孩儿知道军中不戏言！我可真是前来投军的呀！"接着，将头一扬，神气十足地说道："我就是要女扮男装，代父从军，扬我一代女子神威！"

父亲看着这掌上明珠，也不忍虎着脸对她，就笑着说："你可曾知道，女扮男装乃欺君之罪！况且我并未教你骑射的技巧，你又未曾带过兵，又怎能代父戍边，征战沙场？"

木兰撒娇地命士卒将父亲抬到大校场，她命丫环使女挑起高高的三根竹竿，上用红丝系三枚铜钱，跑往百米开外后再不停地摇摆竹竿。说时迟那时快，只听"嗖，嗖，嗖"三声弦响，远处三根竹竿上的铜钱均丝断落地。

"孩儿，你是何时练得如此高强的箭术？"父亲惊喜地问道。

"我早就在练骑射啦！"木兰随后把手指向双龙镇的大寨山、小寨山，乃至几里之外的牛头山："父亲您看，那山坡上绿葱葱的一片竹木林，都是孩儿数年来用木兰树枝杆作箭，射到那里的。没想到，它们都在地上长出一片木兰树苗了。"

"难道说你真是乱打三年成教师，无师自通了？"

"谁说无师自通？父亲，难道您忘了，我的师傅丧吾高僧，曾经就是叱咤沙场的老将！"于是，她给父亲讲清了自己在丧吾与靖松师傅的教练下，练习骑射的全过程。

木兰数年如一日地坚持不懈，不仅内功剑术出神入化，而且十八般兵器也练得炉火纯青，其文韬武略更是出类拔萃，罕有敌手。

女儿的这些人生际遇，身为父亲的朱天禄将军虽有所耳闻，却不知详情。

为表达自己代父从军的决心，回家后，木兰再次向父母跪求。朱天禄看着倔强的丫头，不禁思绪万千，心里说：女儿十岁时，就女扮男装，与丧吾和尚参禅。而今十六岁，诗书通晓，武艺超群，说不定真是女中奇人。更何况现在军情十万火急，又无将可点。因此，他只有点头称道："我儿忠孝可嘉，起来说话！"

少顷，朱将军回到家里，即命丫环找来佐将朱明。哪知，朱明一走至床前，就双膝跪下，连声说道："老爷在上！眼下将令甚急，老爷抱病，如何是好？"

"木兰要女扮男装，代我出征。此事乃关乎朱氏全家身家性命，而只有你是可托付的本家，希望你能保她同去，切勿走漏消息！"天禄道。

"小姐大贤大孝，令小人感动万分！在下愿生死相依，在所不惜，请老爷放心便

了！”朱明拱手回答道。

天禄连连点头。赵氏也特意叮嘱道：“朱明，你用心保小姐出征，家中妻小，我等将妥善照应，请你不必挂心。”

“谢谢夫人恩点！小姐，不，应称呼少爷了！她如此大义愿为忠臣孝女，小人亦愿追随少爷当好义仆，不惜肝脑涂地。”朱明信誓旦旦地表示。

“如此甚好！你明日早起传令，吩咐人马在教场伺候，说是大少爷出门多年，昨日刚回。他在外苦练有年，兵法武艺，件件精通。如今，北国动荡，朝廷点将出征。适老爷抱病不起，遂由少爷代父出征。尔等演兵数日，即可起程。”天禄吩咐道。

“在下遵命！”朱明领令而出。

这正如元代《汉孝烈将军记》碑文所记：

“汉文帝时，单于侵境，大括天下以民御，神父当行戍，父极痛无一男子可代抚己者。误用叹良久，竟行。神闺中，悯其父老，即洗铅粉，脱梳珥、变戎服、贯甲胄，趋赴军中……”[7]

注释：

1：《汉书·地理志》卷二十八（下）。

2、3：班固：《汉书·匈奴传》，中华书局1962年版。

4：《忠孝勇烈奇女传》之第十三回《怜亲病孝女从征，听波声木兰赋诗》，清光绪四年（1878年）常州乐善堂刻印本。

5：北朝民歌《木兰诗》，[宋]郭茂倩《乐府诗集》卷二十五。

6：《道德经》第五十七章。

7：《花木兰考》，中国广播电视出版社，1992年，第3页。

3.4 女扮男装

在木兰的孝心感召下，其父母与师傅都满腔热情地支持木兰女扮男装，替父从军。消息传到木兰山下的老铁匠耳里，立即组织徒弟连夜开工，为木兰及其部下打造兵器。当地的百姓或送子入伍，或杀猪宰羊为木兰送行……

3.4.1拜别亲人

木兰说服了朱天禄同意出征后，次日便五更起床。她首先褪却红衣女儿妆，摘下了耳环，随即头戴银盔，身穿白铠，足跨皮靴，而后走进父母房中，拜了父母，继而大步流星走出家门。

木兰手执银枪，纵身一跃，骑上一匹白马，威风凛凛地同朱明一起直奔校场而来。当英姿勃发的木兰端坐在演武场将台之上，那些马步兵丁，齐来叩头。木兰传令，先演阵势，然后走马试箭。

众军演毕，飒爽英姿的木兰身背弓箭一跃而起，跨上战马，驰骋在校场上。只见她拇指和食指夹住弓，搭箭在食指弯上，拉弦手三指开弦，夹箭在食指和中指之间，随着吸气，拉弦于颌下，几秒钟后，呼气一箭呼啸射出……如此循环往复，令人眼花缭乱，士卒们喝彩声，震天价响。

第一天演练结束，木兰回到家中，忽然见到丧吾和尚、铁冠道人与醉月长老三位师父同时坐在堂屋的圆椅上。木兰正要下拜，师傅们几乎异口同声地对木兰说道："闻少爷出征，我等先来贺喜！"

"三位师父在上，徒儿此次出征实属无奈，何喜可贺？"木兰欠身答道。

"此言差矣。少爷此次北征，于公为国尽忠，于私又为父尽孝，实乃忠孝双全之大义也，如何不贺！"醉月长老曰。

"少爷此去，必经道家名刹五台山，当年在牛头山教你过招的靖松道人，就在五台山之白云洞（即白云观，又称白云庵）中修养。他早年南征北战，颇有心得。老衲有书信一封，烦你面呈，顺便讨教。贫僧对少爷没有其他帮助，仅送你马鞍一副，冀能助汝奋勇杀敌！"丧吾和尚嘱咐道。

"孩儿遵命！"一提起两髯过膝靖松道人，木兰的耳边仿佛响起了他的谆谆教导，她立刻回答道。

"我们各备有锦囊一封，少爷遇有逆难不可解之事，打开看时，能化凶为吉，除祸成祥。"铁冠道人与醉月长老也说。

木兰一一拜谢，并将三封书信收好。

木兰替父从军，抗击敌寇的消息不胫而走，四面八方的亲朋好友纷纷前来送行。他们有的捐粮饷，有的献刀，有的赠马鞍，有的送棉靴。木兰对此深为感动。她诚恳地对大家说："各位乡亲父老，你们的情意我领了，你们的嘱托我会铭记在心。此次木兰出征抗敌，誓为家乡父老争光，不平北番，决不回乡！"

说罢，木兰抽出刀，对身旁的一块巨石砍下去，顿时断为两半，可刀也折成数节。乡亲们议论说，这样的兵器怎能克敌制胜啊。乡亲们出谋献策，决定为木兰铸造一把折不断、砍不钝、削铁如泥的利剑，还要打造一批兵器。

3.4.2赶制兵器

牛头山下有一个老铁匠，躺在床上已经有百余天了。木兰正在招兵买马的消息传到老人耳里，他顿时哈哈大笑起来，声震山谷。说来神奇无比，他这么一笑后，竟然头也不痛，腿也不软，病也好了，浑身上下都是劲。于是，他把被子一掀，一骨碌地下了床。

老铁匠一夜之间，判若两人，孙儿见了好生奇怪。他关切地对爷爷说："爷爷，您病了这么长时间，从未起床，您今天到底是怎么回事？"

老汉笑呵呵地对孙儿说："爷爷的病已经全好了，我这就去找徒弟们过来。"

老铁匠一拔腿就走了十多里地，找到大徒弟，让大徒弟前去18个湾子，把自己的18个徒弟都找来。徒弟们以为是师傅病情加重了，有何后事需要交代，于是都带上重礼来到师傅家。当大家看到师傅不仅病好了，而且一副老当益壮的样子。正在不解之际，铁匠老汉对徒弟们说："我找你们来，不是要你们的礼品，是叫你们重操旧业，为即将踏上征程的朱木兰铸造兵器的……"

师徒如父子，师傅发话了，大家七手八脚在村头连夜开工，点着炉火，拉起风箱，"叮叮"、"当当"地打起战场上急需的刀枪剑戟等冷兵器来。

民间相传，正在大家热火朝天打造兵器时，远处飘来一朵白云，白云上面站着一个老翁。那老翁随着白云，朝打铁的方向越飘越近。这老翁就是人们传说中的铁拐李师傅。铁拐李问明情由，知道这些后生们是要打兵器送木兰，也乐于相助。于是，铁拐李踏着白云朝见了王母娘娘，对王母娘娘说：

王母娘娘您可忙？有桩事儿求您帮。
木兰替父率大军，明日即将赴战场。
打些兵器送木兰，请派天兵和天将。

王母娘娘听了，立刻回答说：

木兰率兵上战场，帮点小忙理应当。
还得去找火神爷，兵多手快要火旺。

王母娘娘令天兵天将火速赶往牛头山。铁拐李师傅又踏着白云找到了火神，对火神说：

火神爷爷你可忙？有桩事儿求您帮。
木兰替父率大军，明日即将赴战场。
打些兵器送木兰，请把炉火快烧旺。

火神爷听了，回答说：

木兰率兵上战场，帮点小忙理应当。
还得去找风神婆，风助火势炉才旺。

火神朝牛头山赶去。铁拐李师傅又踏着白云找到了风神，对风神说：

风神婆婆你可忙？有桩事儿求您帮。

木兰替父率大军，明日即将赴战场。

打些兵器送木兰，求您送风助火旺。

风神听了，回答说：

木兰率兵上战场，帮点小忙理应当。

还得去找月亮公，月照当空精神爽。

风神朝牛头山赶去。铁拐李师傅又踏着白云找到了月亮，对月亮说：

月亮公公您可忙？有桩事儿求您帮。

木兰替父率大军，明日即将赴战场。

打些兵器送木兰，请您把大地照通亮。

月亮听了，回答说：

木兰率兵上战场，帮点小忙理应当。

睁开我的千里眼，带上我的星姑娘。[1]

不一会儿，天兵、天将、火神、风神、月亮和星星都赶来了，天兵天将一降落，打兵器的人由开始的19个增到190个，由190个增到1900个，越添越多，添得数也数不清。火神爷爷张开金盆火口，吐着一团团火焰；风神婆婆煽起了鼓风扇，使炉火越烧越旺；月亮公公睁开了千里眼，星星姑娘撑起一片片灯笼，把大地照得如白昼一般。待到东方露白，兵器已全打好了。

百岁的铁匠老汉，把所有的兵器都送给木兰和她的队伍。打武器的地方只剩下堆得像座小山的钢渣、废铁，就成了现在木兰山下的一处景观——铁石墩。

3.4.3 比武拜将

军需筹备好后，在启程前夕，母亲杨氏安排酒席，为木兰饯行，并特地托付朱明对木兰妥为照顾。

次日，天禄在夫人的搀扶下勉强出房，送木兰起程。木兰跪拜双亲时，一家三口，百感交集，挥泪如雨。

朱明立即上前报告道："出征人马俱在校场伺候，请少爷上马。"

木兰只得叩别父母，上马来到演武厅上，点齐人马。随着三声炮响，俱望武昌大道而来，丧吾和尚、醉月长老、铁冠道人并八位贤士，送至驿旅河畔而回。

行了二日，方抵达江夏郡，木兰偕朱明双膝跪下叩头，口称侄儿，并将父亲手书逞进都尉。都尉拆开，只见内书云：

都尉大人钧座：愚弟屡受恩公大人提拔之恩，理宜舍身报国。无奈身荷重病，不能转侧。特遣幼子木兰，顶名代役，祈大人见字如面，幸勿叱退，则父子感恩不尽矣！

此呈。

朱天禄 叩首[2]

都尉看罢，连忙让木兰与朱明起来入座。随后轻声问道："木兰世侄，令尊真个有病么？"

"回都尉大人，家父因长期积劳成疾，自从年前登府拜见都尉大人以后，旧病复发，又染新疾。尽管汤药不断，已经数月以来一直卧床不起。"木兰解释说。

"原来如此！若是别人，就要差官看验。不过，我与令尊乃世交，亲同骨肉，料无虚假。况且长子代父从军，也符合朝纲，只是不知贤侄青春几何？"都尉听了木兰的陈述，再次问道。

"晚生虚度一十八岁。"木兰回答道。

"呵，年方十八就文武全才，真乃强将手下无弱兵也！他日加官进爵，不可限量。本官已发出十二枝令箭，催取各路人马，免你提调官一番劳苦。你可回营整理人马，候各路兵到，一同起程。无事时，却来公府与我论谈兵法。"

不日，木兰到江夏郡领命，都尉有意让十二路军集合听命于木兰。但木兰为了让各路将士心悦诚服，她提出各路英雄比武定帅。

都尉大喜，立即安排众将领齐聚校场。木兰首先排列九曲八卦阵，接着演练走马射箭，再耍梨花枪……结果十二路英雄俱不是木兰的对手。最后经大家一致推举，都尉大人同意，由木兰统帅江夏军队出征。有《木兰歌》为证：

木兰代父去，秣马备戎行。
易却纨绮裳，洗却铅粉妆。
驰马赴军幕，慷慨携干将。[3]
……

木兰在校场领命，率部日夜兼程，半月后赶到黄河边，天色已晚。木兰面对滔滔黄河，抚剑默默宣誓："我木兰虽是一个花季少女，也要像男儿一样，驰骋疆场，杀敌报国！但愿杀败匈奴，早奏凯歌！"

少顷，木兰传令：全军当夜在黄河边安营扎寨，暂作休整。同时令朱明负责组织船工，为横渡黄河作准备。

“末将听命！”朱明领命而去。

是夜，月明星稀，木兰在帐中盘膝而坐。只听得风涌波涛，鸣鸣呱呱，溅溅不已。首次出远门的木兰不禁勾起了情思：父亲抱病，母亲年老，膝下无子，自己远出，真让人担心！且临别时，父母肝肠寸断，他们心中又如何割舍得开？想到此处，她只好捂着鼻子恸哭了起来……少顷，忽听鸿雁飞鸣，自南而北，由远及近。木兰顿时兴起，舞剑而歌曰：

昔日闺中月，今照汉家营。
影落寒潭水，寂寞父母声。
鸿雁于飞兮，悠悠惕我心。
闺窗星斗横，寒光度汉营。
黄河水溅溅，断续父母声。
鸿雁飞鸣兮，言言伤我心。
晓风吹绡幕，随我入汉营。
暮扬黄河水，号泣诉双亲。
鸿雁北翔兮，焉得写我心[4]。

木兰歌罢，在帐中和衣而卧。

三日后，木兰传令起程。只见大军分批乘船渡河，整个黄河河面，千帆竞发，浩浩荡荡，好不威风。

注释：

1：《木兰山志》，长江出版社，2009年12月版，第60页。

2：清光绪四年版《木兰奇女传》。

3：[宋]《文苑英华》卷三三三；《乐府诗集》卷二十五。

4：《木兰奇女传》第十三回《怜亲病孝女从征听波声木兰赋诗》，清光绪四年版，光绪十九年（1893年）品文堂重刊。

3.5 戍守燕山

木兰率军一路披星戴月，急行军半月，来到了位于今山西省东北部的宗教圣地五台山脚下。因木兰打算到山上白云观拜见靖松道人，并转交铁冠道人与丧吾高僧两位师傅的信函。故木兰下令，大军在山下扎营。

3.5.1取道“五台”

众所周知，五台山与四川峨眉山、安徽九华山、浙江普陀山共称“中国佛教四大名山”。其实，在西汉时五台山并不叫五台山，而是叫紫府山，也称作五峰山道场。这里曾是道士们修行的地方，靖松道人就在这里主持白云观。

东汉永平11年（公元68年），天竺（今印度）高僧迦叶摩腾、竺法兰，从洛阳白马寺来到五峰山一带，认为这里是文殊菩萨讲经说法的道场，于是就想在这里建筑寺院，供奉文殊菩萨。可是这里的靖松道人等道士的反对，最后由汉明帝在洛阳白马寺主持，举行道士与两位高僧的赛法，结果两位高僧的微弱的优势险胜。从此，佛教界在台怀镇一带就取得了建筑佛教寺院的权利，所建的第一座寺院就是如今的显通寺。由于皇权的支持，经过历朝历代的修建、扩建，以台怀镇为中心的佛教寺院最多时曾达到360多座，直到今天还保留着100多座。因此，五台山的佛教寺院规模超过了道观，并一跃成为全国佛教四大名山之首。

靖松道人年轻时曾做过官，因看破红尘，弃官从道，先在牛头山（今木兰）修道，和铁冠道人结为师兄弟，他因此也成为朱木兰的师傅。靖松道长来到五台山不久，不料山中有一条巨蟒，吃人无数。道长长叹一声道：“冤冤相报，曷其有极！”

有一天，一个徒弟问道长：“师傅，您怎么不以其道力降伏巨蟒，保百姓平安呢？”道长说：“你们不知道，这条蟒蛇原是先帝驾前忠心不二的臣子，后来被奸人杀害，他的冤气不消，合成毒气，化身巨蟒。所吃男女，都是一些奸臣，待这笔账了后，我自有办法收服他。”

相传有一年金秋时节，在一个秋雨霏霏的夜晚，蟒蛇再次出洞，又想吃人。这时候，只见靖松道长挥舞着手中铁杖，朝着巨蟒的顶门心一拍，打得顶门心火光四射，急急地冲入水底，不敢妄动。

约莫过了一个时辰，巨蟒刚刚伸出头来喘息，说时迟，那时快，道长瞅准机会，朝着巨蟒再掷一杖，砸得巨蟒蛇晕头转向，只得随着流水，往下游流淌。大约游了四五里地，伸出头来张望，不见道人赶来，稍稍放了心，就盘旋在沙滩上昏昏欲睡。

正当巨蟒熟睡的时候，只见水上漂出一朵金莲花，由一朵变成两朵，两朵变四朵，不一会儿，天上地下尽是无数金莲花。巨蟒醒后，看见许多莲花，其中一朵大莲花上坐着一个道长。巨蟒见了，伏地求饶。道长解下腰中的丝绦，锁住蟒颈，飞身骑在背上向白云观而去。接着把巨蟒拴在后花园中，每天用细粮喂他。

再说五台山下有一知名乡绅，平日乐善好施，家中养着一只白毛骆驼，爱如至宝。不料，这骆驼一病就是十多天，不吃不喝，奄奄一息。忽然一天松靖道长来访。绅士问道长：“要化何物？”道长答道：“贫道不化别物，只化你家中一只病驼。”绅士感到诧异，说：“这骆驼已成废物，道长要它做什么？”道长说：“只要员外施舍，贫道自有妙用。”绅士慨然答应，愿将骆驼送与道长。绅士与道长行至后园厩棚，只见那骆驼卧在地上半死不活。道长用手按定骆驼的顶门心，运元阳祖气，向顶心灌入，大喝一声“起来！”只见那骆驼应声而起。道长拱手向员外说：“承赐！”说完跨上驼身，飞驰而去，不消半刻功夫，便到了白云观。

道长把骆驼牵入后花园中，散了神光，那骆驼顿时仆地。道长又转对巨蟒说：“畜生，今天是你解脱之时。”即出一道灵符，贴在巨蟒顶门心上，口中念着咒语，随手将灵符赶忙揭起，那巨蟒当即气绝。道长又把这灵符贴在骆驼顶门上，喝道：“起！”骆驼果然起死回生，应声而起。道长的这一绝招，即叫“借体还魂”之法。

道长见骆驼已经起来，即命徒弟骑往山前山后，调精养神。经靖松道长师徒一番细心驯化下，这骆驼成为一匹日行千里的良驹，靖松道长就赐名为“义孝明驼”，意为仗义行孝，天下昌明。

这一日，靖松道长师徒正在白云观诵经论道，忽传有一名青年将军求见，道长乃在正堂恭迎。

这青年将军不是别人，就是朱木兰。她一进正堂就向靖松道长行弟子礼：“弟子木兰昔日曾受恩师指点迷津，今特来拜谢，并再度请益。同时，奉丧吾大师之命，呈书函于仙翁座下。”说罢，将书信双手呈上。

“呵，原来是朱木兰将军！快请起，你现在是朝中将军，岂能行此大礼！”道长连忙上前扶起木兰。

“一日为师终身为父此礼不能免。”

“有请，有请！”

3.5.2 获赠明驼

双方礼毕，相对而坐。靖松拆信观看罢，慨然长叹曰："云召（丧吾俗名）既然出家，不宜将往事挂心。"

"醉月长老与丧吾高僧，经常在徒儿面前提及师傅！临行时又嘱咐再三，要我务必前来拜访，当面请教平匈良计。"

"将军北征，屈驾来此，贫道三生有幸。我仅就道友昔日与匈奴作战心得与将军共享……"

"谢谢师傅赐教真言！"

"保家卫国，匹夫有责！只是贫道年事已高，不能随将军同行。我处别无他物，唯有一白毛骆驼，愿送将军征战，还望将军笑纳！"靖松道。

"仙翁如此盛情，弟子这厢有礼了！"

"既然如此，请将军往后园一观。"

木兰随靖松行至后园，但见那只骆驼身高九尺，遍体白毛，目放火光，连声称妙。靖松道："此驼名'义孝明驼'，胜良马百匹，有'五德三不走'。"

"何为'五德三不走'？"木兰不解地问。

"所谓'五德'即登山越岭如行平地，一德也；大雾弥天，能识东西南北，二德也；见水能渡，三德也；见火能飞，四德也；日行千里，五德也。"

"请问仙翁，又有哪'三不走'呢？"

"前有伏兵或刺客，驼不走；遇有妖怪，它不走；若非主人骑之，亦不走。"靖松答毕，又转向明驼道："朱将军即尔之主人也。望你保他北征，有功回朝，届时自有高人度你，复回人身，修成正果。"

木兰见那明驼点头称是，忽又听大师道："朱将军回朝之日，我有书一封，寄于丧吾，请你千万前来，不可失约。"

"仙翁教导，弟子铭记于心。此次北征，承蒙仙翁赐明驼，请接受弟子一拜！"靖松慌忙回礼。

"仙翁既是吾师好友，也是弟子之师父，请师父再受徒儿一拜！"接着，木兰再向大师行拜师礼。靖松也乐而受之。

随后，木兰向靖松问计，探讨破敌之道。彼此侃侃而谈，不觉已到木兰归营时间。师徒在庵门之外，相揖而别。

木兰得义孝明驼后，专门乘驼在校场与朱明骑马对阵奔驰了一回，但见明驼风驰电掣，奔跑如飞。朱明的骏马望尘莫及，校场欢声雷动。演习完后，木兰吩咐马夫好好照料明驼，日后在疆场立功。

3.5.3 戍守完县

次日，木兰佩龙泉宝剑，乘义孝明驼，率军开赴在燕山南麓的河北完县（今顺平县），戍守边关。《燕山丛录》云：

"汉文帝时，匈奴寇北边，发内郡戍之。木兰代父为戍卒，以功为小校，所戍是完县，故完人祀之。孝烈将军，唐所封也。”[1]

后人为纪念一代英烈，特在完县城东一里修建木兰祠，立一块汉孝烈将军碑刻，题目是《汉孝烈将军记》。此碑立于元宁宗至顺三年（公元1332年），是目前发现的记载木兰事迹最早的碑刻。明代御史何出光，曾为完县木兰祠作《木兰祠赛神曲》十二首并序，勒碑嵌于木兰祠大殿西墙。他在序文中说：“汉文帝时，老上（匈奴单于名）寇边，帝亲征，大括民兵，殆可空国。将军因父老，不任受甲，身伪其子以行，转战燕山。完（县）为古曲逆，当燕山之麓，将军百战收其地，土人庙祀之。”

明代保定知府石麟，在《重修汉孝烈将军庙》碑文中说：“汉孝烈将军，唐时追封也。文帝时建首功，载书史，而孝烈颠末，且复见于汉之词、唐之歌、元之记焉。”[2]石麟的话是有所指的。“元之记”即指元碑《汉孝烈将军记》，“唐之歌”是指唐代诗人韦元甫之《木兰歌》，此《歌》凡四十四句，诗中说：“驰马赴军漠，慷慨携干将。朝屯雪山下，暮宿青海旁。夜袭燕支氏，更攫于阗羌。”所说的燕支，即燕支山，在匈奴境内，印证了木兰从军背景是汉与匈奴的战争。“汉之词”即汉代人所编的歌颂木兰的民歌，这是《木兰诗》的雏形。

明代诗人何稽游览完县（时称蒲曲县）木兰祠时，曾写下一首《木兰祠》，以“须眉千载下”的诗句，点明巾帼英雄木兰将军于千年前在这里戍边的史实。诗云：

故国当蒲曲，荒祠见木兰。
古碑心化石，遗像发冲冠。
日暮燕山黑，风高易水寒。
须眉千载下，多少愧登坛。[3]

注释:

1：[明]代徐昌祚：《燕山丛录》二十二卷，浙江巡抚采进本。

2：《花木兰考》，第4页。

3：郑新芳：《谈木兰从军在完县》，《保定日报·副刊》 2012年4月1日。

3.6塞外征战

木兰在燕山山麓之完县初战告捷之后，接着又奉命扬鞭跃马率军跨出了雁门关，巧妙布阵，诱敌深入，两次擒获敌军主帅。继而，经过与敌军进行斗智斗勇，直至取得朔方大捷，木兰被朝廷封为关外大都尉。

3.6.1诱敌深入

木兰在完县戍守期间，敌军多次犯边，木兰按照师傅教授的兵法，屡次重创敌兵，有效地打击了敌兵的嚣张气焰。正在木兰初战告捷之时，忽然快马传来界牌关告急的军令。木兰奉命率领大军跨出了雁门关，前去驰援。敌军获得木兰前来增援的情报后，企图采取突然袭击，击退疲惫之师。

敌军的将领颉和率领铁骑，耀武扬威，急行军50余里来到一个叫哈欠镇的地方。忽然，颉和接到军士报告："前面发现一个军阵，挡住了去路。"原来是木兰料定敌兵必然来攻，她早已先设了一个迷魂阵。

颉和也是排兵布阵的高手，他在周围选择一处制高点观阵，心里有数了。他对将士们说："这是八卦阵，按'休、生、伤、杜、景、死、惊、开'八面排开，是虚虚实实之计。"颉和看罢阵势，即率军士从生门而入，只见阵内遍插五色小旗，到处有门有户。颉和等又朝坤地死门而来，谁知出了死门还是死门，走来走去，不辨东南西北，心中大惊道："我中计了！"

于是，颉和又引众将旋转数处，不一会儿，他突然发现了一处遍插五色黄旗，颉和心中大悟说："这是中宫五黄之地，汉将卖弄手段，故插五色黄旗，必是内近九宫而排。"

颉和便往西北白旗而走，再走赤旗，又向白旗，顺着一路红旗出去。如此自一而又，有九九八十一个门户，果然出得阵来。他在兴奋之余，立即催兵大进。

颉和率兵行至北屏山下，他见山势不高，树木又少，便不以为意。行过北屏山，军士报说："后面林中白旗招展，必有伏兵。"

颉和大笑说："这是疑兵之计，哪有伏兵，故用白旗以张耳目，想骗谁！"

颉和说完，驱兵前进，不料汉军放起火来，火乘风势直窜番营，番兵大溃，四散奔逃。颉和无奈，只得退走北屏山。谁知北屏山后又冲出一支人马，拦住去路。这时天色已晚，番兵将士惊魂落魄，各自逃命。汉将领了木兰之命，带一千弓弩手在这里，只射马上将，不杀马下兵。颉和与康利见前后受敌，夺路往正面而逃。汉将放走番兵，率人马追去。

木兰立即带兵赶来，将颉和等人四面围住。原来北屏山下有一道溪河，阻住番兵去路，颉和与康利且战且走，不能脱身。败至河口，颉和等人策马渡水，汉将连发三箭，二将落水，被军士捞起，已是半死半活，马上解押五狼镇。

3.6.2两擒敌帅

汉军元帅接了木兰战报后，即令将颉和、康利押上帐来。元帅对二将说："番邦是天朝属国，你主应入贡来朝，为何背信弃义，悍然南犯。本帅放你二人回去，劝你主速降。"

颉和无言以对。康利说："今日之败，不过误中诡计。今若元帅放我等回去后，将整顿人马再来决战。"元帅即令把二将放走。颉和得放，逃回本国，表奏番王，愿将帅印让于康利执掌，康利欣然领命。

元帅得知后，传令木兰，希望木兰利用新的阵法对付康利。木兰应道："末将领命！"

木兰骑着义孝明驼，重新摆兵布阵，让敌军走入了迷魂阵，终于一举夺得五狼镇大捷。随后，元帅奏明皇上，册封木兰为武昭大将军，仍然驻守五狼镇。

此时正值岁末寒冬腊月，北方大地冰封雪锁。敌军元帅康利和众将士商议说："汉兵困了多时，士气低下，既缺寒衣，又乏粮草，闻说南营已多时不动烟火了，此时攻打五狼镇，一举可得。"

众将齐声附和："元帅高见！"当即拨将点兵，带领二万人马，浩浩荡荡直奔五狼镇。

木兰得报后，即向镇上百姓说："康利要烧毁镇子，灭我大军。各位父老，我军一胜，大家便都保。我兵若败，全镇遭殃。我们军民只有一齐撤向南屏山，才能避免战祸。"镇上百姓遂扶老携幼，往南屏山去了。

次日，哨马来报："康利领兵讨战！"木兰骑驼出战。颉和见了木兰，怒火中烧，大叫："前日误中诡计，辱我一世威名，今日相见，决不饶你性命。"

木兰顿时微笑："无名败将，还有脸说大话，岂不怕羞！"说完，催驼迎战，双方大战30回合。

康利性急，拍马迎战。木兰与朱明双双上前与两位番将鏖战，只见四员大将杀得飞沙走石，战了30多个回合。这时，木兰与朱明双双佯败，颉和驱兵掩杀，汉军一齐朝南屏山奔去。康利自率军追赶，命颉和打进五狼镇，颉和见南兵营中还有不少粮草，心下欢喜。

木兰此时已令人在南屏山上准备了滚木礌石。康利追到山脚下，见山上已有准备，不敢攻山，就在山下安营。等到二更之后，木兰对百姓说："要是等到天明，我们不好撤走，只有趁着夜色，从山后撤退，才能确保安全。"百姓都说："好！听将军安排。"

说时迟，那时快。木兰早已率领汉军，从山后而走。原来南屏山离镇只有十几里地。木兰下山以后，迂回到五狼镇。到了三更时分，那镇上12处土穴，共有200多人，他们一起推开地板，取出火种，在堆积柴草的地方放起火来。

一时间，烈焰冲天，木兰率兵士冲杀过来，番兵四散逃命。颉和在梦中惊醒，骑在马上右冲左突，不能冲出，被木兰一箭射中臂膀，跌下马来，汉兵上前擒住。木兰令军士们救火安民。

这时，康利在南屏山看见镇上火势凶猛，杀声震天，忙带兵来救。被汉将挡住，大杀一阵，杀得番兵七零八落。康利无法，且战且走，退到南屏山下。

谁料，木兰立即带领人马杀了个回马枪，令康利猝不及防，只得夺路而逃。汉将赶上，举枪照其心窝刺去，康利将身一闪，用腋把枪夹住，二人用力一扯，一起堕下马来。众汉军见状，齐上前将康利绑了，押往五狼镇。

木兰见番兵大败，她立即传令各将领，率部赶往南屏山组织百姓回镇。木兰亲自慰向百姓，后又命汉将押解颉和与康利往元帅营中报功。

3.6.3朔方破阵

木兰凭着三位师父授予的高超武艺，艺高胆大心细，在边关用兵如神，一路势如破竹。可是，在光复朔方城时，却久攻不下。

朔方城（内蒙杭锦旗附近）乃是秦朝大将蒙恬收复河套地区后所筑，为防匈奴骚扰，将城子筑得异常坚固，更兼蒙恬善于用兵，令匈奴望而却步。不久中原大乱，朔方城被匈奴首领冒顿侵占。后经匈奴大将西铁烈多年经营，更是固若金汤。

当下，木兰绕城巡视一圈，回到军中，令军士架起云梯。那云梯高约十丈，她上至梯顶，看到城中滚木礌石堆积如山，城中百姓被番兵驱着挑水担薪，煎熬汤水……[1]

次日，不论木兰怎样引兵至城下搦战，西铁烈就是不出。朱木兰乃与副将商议道："看来，只有待大将军前来，再作计议。"

大将军抵达后，副将道："若如此，请大将军将城池围住，若城中无粮，番兵不战自乱，必定突围而去。那时我军截住厮杀不迟。"

大将军道："朔方乃匈奴虎视中原第一要处，必定粮草充足，三年两载，恐也难尽。"

众将闻言，俱无良策。

突然，木兰眉头一皱，计上心来，慌忙取出铁冠道人临行时交给她的锦囊。看后大喜，立即向大将军报告："大将军，我有一计，可一面将城围住，一面令军士深挖地道，并将所取之土筑成一道斜坡，与城一般高下，不出三、五日，便可直抵城上，不由他不来交战。届时，地上地下，方城周围，四面出击，定可破城。"

大将军听后大喜，称赞道："朱将军这攻城之计，虽太公、孙武亦不及也。"随后，大将军令三万军马分别将东门、西门与北门团团围住。自统众将校数百人率领大队人马围住南门，其余万余人在南门外挖地道，筑土城。

却说西铁烈在城上望见汉军大队人马直逼城下，将城围了，急令四门番兵用心防守，自引百余随从至南门城上叫阵。

可是，番兵等了多时，却不见汉军攻城，只见距南门数百步之外人头攒动，有许多汉军背土堆在一处，不知何意，看到天色将晚，仍不见汉军有何举动。西铁烈心中纳闷。

次日清晨，西铁烈赶紧上得城来，只见南门外汉军仍在背土，那土约莫七八丈宽，已向城推过约百余步，倾斜而上。西铁烈见了，急令军中善射者聚于南门城上，正欲下令射之，忽又见众多汉军手持盾牌上前防护。他更是烦躁不安。

到了傍晚，忽然北门外杀声震天，西铁烈心中大惊，转至北门城上看时，只见黄昏中许多兵马正在厮杀。

西铁烈以为是自己的救兵到了，忙持刀上马，率着2000番兵从北门杀出，却遇朱明持刀拦住。二人就北门外斗了50余回合，不分胜负。接着，东西两侧汉军杀将过来，西铁烈独战7人，全无惧色。斗了多时，西铁烈见2000番兵所剩无几，又是夜幕初垂，西铁烈想在朦朦胧胧中归城。

木兰见状，双腿一夹坐下的义孝明驼，立刻飞奔上去。西铁烈刚进城门，木兰已赶过吊桥。番兵急来关闭城门，却被木兰率军杀散守门军士，夺了北门。城上番兵再次拉起吊桥，又被砍断铁索。汉军一拥而入，抢进城来。

城上番将乌里奇见汉军如此骁勇，腿都吓得软了，忙弃了兵器，率领番兵伏地请降。木兰令人连夜清点战俘，尽是朔方原守城番兵。

朔方大捷后，汉军乘胜进军陇西、北地2000里，过居延，攻祁连，斩匈奴兵马3万，俘小王数十，整个河西走廊全部为汉所有。河套以南地区所有牛羊尽为汉军所得，计300余万头。[2]

最后，木兰将军又智取嘉峪关，活捉突厥王。匈奴人悲歌道："失我祁连山，任我六畜不蕃息；失我焉支山，使我嫁妇无颜色。"

大将军闻活捉突厥王，即令杀牛宰羊，大犒三军。同时，表奏朝廷。不久，天使至营中犒军，封大将军为关内侯，木兰被封为关外大都尉，其他随军将士均晋升一级，众皆谢恩。

木兰在攻夺金沙峪的战斗中，单于义女花阿珍与木兰对阵，阿珍见木兰威武英俊，骤然心动，欲擒为夫。不料，阿珍反被木兰施计擒拿。

阿珍被俘后，不甘放弃对木兰的一片钟情，愿归顺汉军，跟随木兰作战。木兰在攻克金牛关时，右臂中箭，昏倒马下。阿珍急忙上前营救。阿珍撕开木兰战袍敷药时，眼前的情景把两人惊呆了。原来自己钟情的人竟是一个女扮男装的姑娘！木兰醒来后，嘱阿珍保守秘密，并与阿珍结为姐妹。[3]

正是包括木兰在内的汉军屡建战功、捷报频传，所以公元前129年汉武帝遣四路大军进攻匈奴，再筑朔方城，修缮塞垒，使边防得到巩固。难怪后来李太白也有诗赞叹道：

严风吹霜海草凋，筋干精坚胡马骄。
汉家战士三十万，将军兼领霍嫖姚。
流行白羽腰间插，剑光秋莲光出匣。
天兵照雪下玉关，虏箭如沙射金甲。
云龙风虎尽交回，太白入月敌可摧。
敌可摧，旄头灭，履胡之肠涉胡血。
悬胡青天上，埋胡紫塞旁。
胡无人，汉道昌。[4]

注释：

1、2、3：黎巴：《木兰将军》，中国文联出版社，2006年版。

4：《全唐诗·胡无人》卷一百八十五。

3.7 荣归故里

旌旗猎猎，战马嘶鸣，打败匈奴后，木兰高功凯旋，率军回到长安。皇帝闻木兰得胜班师回朝，龙颜大悦，专门召见木兰，给予了高官厚禄的赏赐：颁旨敕封木兰为昭烈将军、武昭侯，兼兵部侍郎，并降诏木兰进京就职。同时，敕封伍登为镇北侯，领雁门关将军，克日到职；封木兰的佐将朱明为英德伯，领界牌关将军，即日赴任。

3.7.1辞官还乡

木兰凯旋回朝后，面对鲜花与封赏，她并不十分动心，而是重视生命的可贵，思念父母心切，十分珍惜家庭的温暖，更明白自己女儿本色不容于朝廷庙堂。于是，她婉言谢绝了天子的赏赐，也不愿在朝为官，将荣华富贵轻轻地抛下，“愿驰千里足，早日还故乡”，为父母养老送终。天子听说她少年出征至今已有十二年，又是一片孝心，特予恩准。

木兰归心似箭。翌日早，他与军中将领伍登、阿珍等人作别后，扬鞭催马离京，日夜兼程踏上返乡之旅。宋朝诗人刘后村曾吟诗赞颂道：

出塞男儿面，归还女儿身。
尚能降北虏，断不慕东邻。[1]

却说木兰回到渴别已久的家乡后，双龙镇张灯结彩，鼓乐喧天，以节日的隆重礼仪相迎，父母弟妹更是兴奋不已。木兰父母出郭迎接女儿还乡，张罗杀猪宰羊，亲朋好友及乡亲们也从四面八方赶来木兰家中恭候迎接。木兰弟妹木里、金兰更是忙进忙出。木兰跨进一别十二年的家门，不由自主地入了闺房，脱下戎装，换上裙衩等旧时裳，着上靓丽的女儿妆，对着铜镜，梳理云鬓，抹去脸上的征尘，重新帖上花黄。木兰更衣出门，惊得同来的使臣侍卫一个个目瞪口呆，如坠云雾之中。从军十二年，竟不知木兰是女郎！有《木兰诗》为证：

爷娘闻女来，出郭相扶将。
阿姊闻妹来，当户理红妆。
小弟闻姊来，磨刀霍霍向猪羊。
开我东阁门，坐我西阁床。
脱我战时袍，着我旧时裳。
当窗理云鬓，对镜帖花黄。
出门看伙伴，伙伴皆惊惶。
同行十二年，不知木兰是女郎！[2]

3.7.2 拜谢师长

在与父母畅叙离别之情后，木兰忽然想起自己抗战时，铁冠道人相赠的锦囊妙计，一举攻破了朔方城的情景。于是，她骑着明驼来到牛头山，专程拜谢铁冠道人。同时，还向师傅表示，自己也决定从此隐居牛头山中。

接着，木兰又前去拜望丧吾师父，并给他送去靖松道人之回信。丧吾特到寺外相迎，一边与木兰寒暄，一边指着明驼言："将军荣归故里，留此驼何用，不如送给老僧罢了。"

"靖松仙翁早有吩咐，祖公即使不言，弟子也会完璧归赵。"木兰忙施礼回话。

"明驼，曾记得老僧否？"丧吾双手抚摸着驼头，轻声说道。

待明驼点头三下之后，丧吾吟云：

见机不早有谁怜，空抱明珠向暗投。

解脱从前人我相，身归净土乐优游。

明驼听了，似乎领悟了丧吾之意，便点头随丧吾到后院去了。

随后，木兰随丧吾步入方丈，将靖松之书呈给丧吾。丧吾拆开封筒，伸指向封筒内一探，竟无片纸只字在内。丧吾将书挂在方丈门外，晓谕众僧，让会其意。哪知僧众一百多人，都猜疑不定。丧吾对木兰说道："佛家尽是伶俐子，道家那有糊涂仙？我寺中僧徒虽多，今日看来，谁是佛家种子？将军素明禅机，可达靖松之意否？"木兰曰："弟子素蒙祖公诣教，靖松之意虽不能尽知，亦可识其大意。"即提笔书云：

道有何物，惟集于虚。外实内空，不与物具。

往来开阖，信在中处。视之若有，探之则无。

妄中有真，心言意语。理妙难书，空空如如。[3]

木兰写罢，双手呈送于丧吾。丧吾看罢曰："呵，原来靖松叫我如此这般……"

木兰回乡不几年，父母双双病倒了。木兰为双亲精心调治，熬煎草药，侍饭奉水，掌灯夜半，尽孝床前。

木兰在全心全意侍奉照料父母的同时，还翻地、种菜、养蚕、纺线、织布、习武练功，并热心访贫问苦、修桥补路、化解矛盾、制止邻里纠纷之类的事，生活过得平静而充实，且受到地方官员和百姓的崇敬与爱戴。

3.7.3 绝恋爱情

再说木兰的军营战将伍登班师回朝后，甚觉在朝中随波逐流没有意义，又思念那异姓兄弟木兰，遂告假前往双龙镇。

原来早在边关抗战期间，木兰曾与伍登配合默契，甚为投缘，只是伍登不知道木兰是女儿之身。有一天，战斗间隙，在伍登的请求下，二人歃血为盟，缔结金兰，成为生死之交。木兰心里说：只愿早平胡虏，若有缘分，我真盼望与你伍将军生生死死，白头偕老。

当伍登来到双龙镇，当年兄弟已不见踪影，只有一位绝代佳人相迎。伍登这才知道，原来朱木兰已经重还女儿身。他在惊喜之余，即托媒求婚。于是，昔日的拜把兄弟便有文定之喜了。

天有不测风云，人有旦夕祸福。谁知伍登功高盖主，遭人妒忌，返京不久竟莫须有地被打入死牢，时日无多将行刑问斩，伍登家人赶忙将这凶信报予木兰。

木兰闻讯，即到武当山跪拜，祈求真武祖师救援伍登将军。

祖师在武当紫霄金顶接见了木兰，和蔼可亲对她说："吾徒莫惊，明日午时待吾用袖里乾坤救你情郎便了。”

次日，祖师忽觉心血翻涌。忙将心神一收，默然掐指一算，暗呼一声：“不好！午时已过，这伍登性命难保了！”果然，不日飞马来报，伍登已经行刑。

木兰闻伍登被杀噩耗，痛不欲生。她从怀中取出伍登送给她的定情信物玉佩，睹物思人，她的思绪又回到了烽烟四起，战火纷飞的北国战场。破界牌关，伍登一马当先，斩敌副将；夺五狼镇，伍登献计掘地道，藏柴草硝磺用火攻；烧红罗城粮草，伍登声东击西，调虎离山第一个点火；攻玉门关，危急关头得伍登组织敢死队登攀上城，斩杀城门守将而开关；还有中秋月圆、互赠定情信物的那个难忘的夜晚。想起这些，木兰泪如泉涌，更加怀念伍登。

“兔死狗烹，鸟尽弓藏。”木兰不由得想起汉将韩信来。她自知无力回天，只得回到牛头山中。日后每隔几天，木兰便要登上山的金顶石崖上，深情地向西北遥望，无数次回忆和伍登在塞外征战的日子。天长日久，这个石头被木兰踩出了两个脚印。而且常用两行热泪，遥祭伍登。传说木兰的泪滴砸在那青石上，竟砸出了两个圆圆的石坑，当地人称“眼泪垱”，如今成为木兰山的景观之一。

3.7.4 九十寿终

木兰在牛头山过着隐居生活，淡泊自适。在她九十寿诞之日那天，双龙镇乡亲送寿礼、置酒宴给德高望重的木兰祝寿。木兰喝过大家敬的酒，吃过寿面后，是夜即在堂屋太师椅上安详地无疾而终。有明代嘉靖三十五年《黄陂县志》为证：“木兰不受朝禄，乞归故里，终年九十，葬于木兰山北。”

不过，关于木兰之死，还有另一说：那是木兰重还女儿身后，皇上诏封她为公主，并一再派员请她进宫，木兰不愿与奸臣为伍，乃剖心自杀。据清朝光绪四年《木兰奇女传》载，奸臣张昌宗奉旨来至西陵，木兰排香下跪接诏。旨云：

朕与后春秋鼎盛，后每念卿有公主之名，未见公主之面，即皇宫幼女等，皆倾心慕悦。公主守制，料已三年。诏书到日，易服成祥，随使臣来京，慎勿抗命。[4]

木兰读罢，张昌宗施礼而言曰：“万岁视公主如亲骨肉，公主宜作速进京，以慰圣意。”

木兰曰：“前日尔逢君之恶，屈杀镇北侯，天下人人共怨，今欲诳我进京，在中途绝我性命。若不念尔受天子之命，斩尔佞臣，以泄伍登之愤。”吓得张昌宗不敢做声。

木兰说罢，即入内室，连夜修陈情表。次日出来，喝曰：“张昌宗何在？”

张昌宗连忙跪下：“启公主，奴才在这里。”

木兰曰：“我这陈情表文，你赍之回朝，代我朝见圣上，道臣儿不肯进京，恐明彰君过。”木兰即望阙而拜曰：“父兮母兮，生我鞠我。乳哺劬劳，曷其有极。为今之故，尽了性命，身死心安，毋遗君患。窃窃孤忠，天人共鉴。”

木兰道罢，解衣露胸，手执宝剑，将胸骨破开，用手扯出心来，叫声：“张昌宗，看我赤心如日，岂肯行不义之事？”张昌宗吓得叩头不止。须臾鲜血流尽，木兰气绝。

当地人民为了纪念这位巾帼英杰，将木兰将军安葬在牛头山北坡下，并修有木兰冢，供世人瞻仰凭吊。朝廷得知木兰将军逝后，谥木兰为“贞德公主”。唐贞观年间，皇上再赐“忠孝勇烈”将军谥号。

为追记忠孝勇烈的木兰将军，这座承载着木兰英灵和精神的牛头山，被人们更名为“木兰山”。后来佛、道两教相继在木兰山上建有七宫八观三十六殿，如木兰殿、将军庙、木兰祠、木兰将军坊、祈嗣顶、木兰祠、木兰庙、木兰宫等。木兰山因此成为沿江、沿海墨客与香客朝觐揽胜的圣地。

不仅如此，在南齐太和三年（479年），朝廷为纪念一代英豪，特地将现黄陂木兰山以北地区及红安大部设立木兰县，县治设在木兰的出生地双龙镇。可是，到了景明三年（502年），后梁统治者又将县名更改为梁安县。直到隋代开皇十八年（598年），隋文帝杨坚再次颁发诏书，将梁安县恢复为“木兰县”，一直沿袭到唐武德三年（620年）。有《南齐书·州郡志》为证：“南齐司州安蛮左郡辖七县，第一个便是木兰县。”《隋书·地理志》亦云：“开皇十八年置木兰县。”

到了唐代，又树有“唐木兰将军坊”牌坊，牌坊的顶上立匾刻“灵杰”，横额刻“忠孝勇节”四字，北面刻“唐木兰将军坊”六字，雕刻精细。而且其浮雕也别具一格，上刻双凤朝阳，下刻二龙戏珠。凤在上龙在下。这是中华文化中往往不为人注意的地方。

其实，龙与凤是中国先民在图腾崇拜的时期，南北争斗的具体表现。北方为龙，南方为凤，在南北文化融合一体后，一般表现为龙在前，凤在后。但在南方，也时常出现凤在上、龙在下的印记。此处则表达了人们对巾帼不让须眉的敬仰之情。明代巡抚张涛在《木兰将军歌》中写道：

“木兰山上青草发，将军冢里埋香骨。……君不见汉寝唐陵卧鹿麋，故都禾黍叹离离。唯有木兰山不改，青山独自属蛾眉。”[5]

木兰靖边，万里从戎，古今传颂；王昭君和亲，死留青冢，名垂青史。木兰和昭君灵犀一点通，各自以不同的方式，保家卫国，万古流芳。

注释：

1、2：[宋]蔡正孙编纂《诗林广记·前集》卷六。

3、4：[清]光绪四年《木兰奇女传》。

5：[清]康熙五年版《黄陂县志》。

结语

“木兰传说”是汉民族民间最经典的传说之一，具有独特的文学艺术价值、历史认识价值和文化资源价值。长期以来，“木兰传说”已经发展成为一个内容丰富、门类众多、情节曲折的庞大传说群，在海内外产生了持续而深远的影响。木兰的艺术形象以其崇高的“家国情怀”精神为主要特征，堪称中国古代健朗女性的完美象征。在口头传说的基础上，又有小说、散文、诗歌、戏剧、曲艺、绘画、雕塑、电影、电视剧以至卡通片等多种文艺式样的改编和再创作。作为相传木兰故里的武汉市黄陂区，在对该传说的搜集整理、传承保护方面已经做了大量卓有成效的工作，在口头文学面临危机的今天，“木兰传说”这份珍贵的非物质文化遗产应该倍加珍视与保护。

“木兰传说”是一个流播广远、家喻户晓的民间故事。它既是中华民族传统忠孝精神的集中体现，又是历史与文学艺术完美结合的不朽佳作，是广大人民群众长时间打磨出来的一份文化瑰宝。它在黄陂的土地上发生和演绎，已经形成了完整的故事链、庞大故事群和景物映衬的故事场，并且在从古至今口耳相传的传承、加工、丰富中，打下了深厚的民间基础，成为这里人们仰慕英雄、追求正义、崇尚美德的精神寄托和世代奉为经典的保留活剧。

“木兰传说”的讲述在黄陂全部使用本土方言，情节皆以主人公木兰为主角展开，绝大多数以叙事方式讲述故事，也有以诗体语言或说唱形式表述的。除女扮男装、替父从军、征战十二载、晋升将军凯旋后不受朝禄、愿归故里、侍奉双亲、终老故里等主干情节外，这里还流传着许多有着鲜明黄陂特色的民间木兰故事。通过此种持续不断的故事增衍，“木兰传说”之树不仅枝繁叶茂，而且有根有水，生命力旺盛。

黄陂的“木兰传说”具有系列完整、内容丰富、版本纷杂、讲述人众多、景址仍存等特征外，还体现了很浓的宗教性。木兰的出世就涂上了宗教色彩。相传木兰出生在黄陂北部山区滠水东岸的双龙镇（今大城潭村）。当年木兰的父母年过半百尚无子女，听说不远的牛头山（后称木兰山）南山顶南宫观的菩萨有求必应，夫妻俩就去观内烧香求子。一年后山上木兰花盛开之际，木兰的母亲果生下一女，是为木兰。为纪念木兰，后来当地人便将南宫观更名为祈嗣顶。木兰故里大城潭村世世代代流传着如珍珠般一串串的木兰故事。据《南齐书·州郡志》与《隋书·地理志》记载，为弘扬木兰将军的盖世英名，南齐和隋代曾两度在此设置木兰县。至今古县遗存仍依稀可辨，使人们笃信，“木兰传说”有一个真实的史核作支撑，构成了这个千古传说永不枯竭的大众心理基础。

方圆三十平方公里的木兰山，堪称“木兰传说”的一个天然故事场。这里每一处胜景奇观都有一段优美动人的木兰故事，这里的山山水水、庙宇殿堂无不打上“木兰传说”的烙印，真可谓一景一个故事，一程一段传说，且当地老百姓对这些遗址、遗迹及其风物的来龙去脉皆信手拈来，如数家珍。如半山腰的下马石，传说是木兰将军征战十二载，荣归故里时下马的地方；山巅“第一天峰”上的玉皇阁，相传是木兰扫北平番凯旋后，皇帝为其赐冠之所。史书记载，唐会昌年间，大诗人杜牧登临黄陂木兰山，谒木兰庙，挥毫写下《题木兰庙》的不朽诗篇，使木兰山的人文底蕴获得质的提升，木兰山上一些因独特自然景观演绎而来的木兰传说尤其妙趣横生，令人津津乐道。如山的西面半腰的磨针涧，相传木兰年少时，其父亲在此用铁棒磨针，启迪木兰做事要有坚强意志和持之以恒的精神。剑劈石的故事是：木兰曾得一把宝剑，为试剑的锋利，她“叭”的一声，将眼前的巨石劈为两半，后来，人们就把山南坳处的这块裂石取名为剑劈石。状若太极、凌空耸立的棋盘石，传说是木兰归隐田园后，一日上山与真武大帝下棋，真武大帝输了棋心中焦急，站起来猛地蹬了一脚，顿时山石裂鸣，眼看就要滚下山去。木兰大声呼道：“不好了！不好了！要砸着山下的村屋了……”真武大帝从败棋局中醒来，慌忙中，随手擤了两把鼻涕粘住了即将崩塌的山石，从此，千百年来，山石便成了现在这样摇摇欲坠状。眼泪垱的故事浸透着一种悲怆之情，它讲述的是木兰为怀念被奸臣陷害而遭朝廷冤杀的情郎，天天到山上“第一天峰”眺望哭泣，久而久之，脚前的石面上竟被泪珠砸出两个小垱，即“眼泪垱”。

木兰晚年在故乡九十高寿而终，人们将她安葬在牛头山北坡下。唐贞观年间，皇上赐木兰“忠孝勇烈”谥号。人们为追记忠孝勇烈的木兰将军，在牛头山上下为木兰修建了木兰将军牌坊、木兰祠、木兰庙、木兰殿、木兰宫等。久而久之，这座承载着木兰英灵和精神、有着木兰动人传说的名山，便渐渐被人们称作“木兰山”。

自古以来，黄陂的木兰传说始终与一些景物紧密相连，是木兰传说根深蒂固、长盛不衰的重要原因。近现代以降，这种情形有向木兰山区之外蔓延的趋势，出现了木兰古门论剑、忠义谷与烈马峰、木兰智开石鼓门、木兰天池山传奇等，昭示“木兰传说”不断衍生新的情节，增添新的内容，体现新的观念，放射新的精神光芒。

木兰传说是木兰文化产生的前提。正因为黄陂产生了木兰传说这个美丽动人的故事，黄陂才有诸多与之相关的遗址遗迹，才有一系列史志研究成果和文学艺术作品，才有众多木兰题材的标志性建筑和大量木兰文化的社会化印迹。权威专家指出，虽然自古一直存在多个木兰故里之争，但“其他几处所谓木兰故里关于木兰的凭据完整性不够，甚至与历史的基本逻辑形成冲突。与此形成鲜明对比的是，黄陂证据数量多、质量高、逻辑性强，且证据的时代早、种类丰富，为其他几处所无法比拟”。因此，众多史家与文化学者通过对黄陂地区木兰传说的历史文献、考古资料与实物等三重证据，进行综合分析后认为，黄陂的木兰传说可信度最强，传承历久弥新，影响广泛而深远。

跋

吴方法

非物质文化遗产是人类以口头或动作方式相传，具有民族历史积淀和广泛突出代表性的民间文化遗产。包括口头传承和表述、表演艺术、社会风俗、礼、仪、节庆、有关自然界和宇宙的知识和实践传统的手工技巧。“木兰传说”就是千百年来，产生流传在黄陂、享誉神州的一个经典民间故事。为了传承和弘扬优秀传统文化，让“木兰传说”这个古老的故事焕发出新的魅力，黄陂区组织编写了《木兰传说》这部入选国家级非物质文化遗产名录的专著。

这部作品以申报国家非遗文本为基础，以史著、方志、宗谱、诗文名作名篇、民间传说为依据，精心撰写，认真打磨，力争集权威性、学术性、知识性、趣味性于一体，达到图文并茂、雅俗共赏的目的。参与撰写此书的几位作者，都是本土作家，可以说集中了黄陂区研究木兰文化的顶尖人才，其中有的还是申遗文本的主要执笔者。为撰写此作，他们广征博引，作了大量考证，历时两年，反复修改。他们功底深厚，笔力隽永，作品既富有文采，语言又通俗易懂，既是一部宣传非物质文化遗产的力作，又是“建设优秀传统文化传承体系”的实践和有益尝试。

《木兰传说》的付梓，得到了市、区领导和有关方面的重视和支持，市人大原主任、武汉炎黄文化研究会会长李岩同志亲自出席在黄陂召开的武汉市国家级非物质文化遗产丛书编纂座谈会，并为丛书作序。市委宣传部副部长、市社科联主席陈元生同志主持座谈会并从人力、财力上给予支持，市委党史办、市史志办、市出版局主要领导为本书出谋划策。黄陂区委、区政府对出版本书给予极大支持。区委书记胡洪春同志亲临座谈会，并为本书作序。区委常委、区委宣传部原部长严中兴同志精心组织编纂工作。区政府拨出专项资金资助本书出版。区“二程”文化研究会、区文管所提供了大量研究成果和图文资料，在此一并表示感谢！但由于作者和编者水平有限，加之历朝历代的学者对“木兰诗”的著作年代以及花木兰是否真有其人，争议颇多，至今未有定论，本书难免存在许多错讹，“仁者见仁，智者见智”，有关学术之争，有待方家论证。对本书的疏漏之处，恳请方家和广大读者批评指正。

二〇一三年五月十八日